V. 2152.
2.A.

19673

L'ART
DES LETTRES
DE CHANGE
SUIVANT L'USAGE DES PLUS
celebres places de l'Europe.

CONTENANT

Tous les droits & toutes les obligations des Tireurs, Donneurs de valeur, Endoſſeurs, Porteurs, Accepteurs, & Payeurs de Lettres de change.

Avec l'application des Loix, des Ordonnances & des Reglemens.

ENSEMBLE

Les queſtions les plus importantes qui n'ont point encore été traitées, & les Arreſts les plus celebres en cette matiere.

Ouvrage utile & neceſſaire, non ſeulement aux Negocians; mais à tous ceux qui ont à prendre ou à donner des Lettres de change, & ſingulierement à ceux qui en doivent connoître en matiere contentieuſe, ſoit pour en éclaircir les differens, ſoit pour les juger.

Par M. JACQUES DU PUYS, *S. D. L. S. A. E. P.*

A PARIS,

Chez ARNOUL SENEUZE, ruë de la Harpe, vis-à-vis la ruë des Mathurins, à la Sphere.

M. DC. XCIII.
AVEC PRIVILEGE DU ROY.

PREFACE.

LE Negoce produit seul plus de procês que tous les autres actes de la vie civile ensemble : car il est certain que les Iuges & Consuls, & les autres Tribunaux du Commerce dans chaque Ville rendent plus de Iugemens que les Presidiaux qui y sont établis ; neanmoins la Iurisprudence du Commerce est fort incertaine dans le Royaume, & particulierement sur le fait des Lettres de change, qui en est la plus considerable partie, quoi-qu'il n'y ait presque personne qui ne prenne

PREFACE.

ou ne donne, n'envoye ou ne reçoive, ne paye ou n'exige le
payement des Lettres de change. Il semble que ce soit un my-
stere qui ne puisse être entendu
que par ceux qui en font profes-
sion, que l'on appelle communément Banquiers ; car pour l'ordinaire lorsque l'appel en est aux
Parlemens, les Iuges deman-
dent l'avis des Negocians, de
qui le plus souvent ils reçoivent
moins d'éclaircissement que des
seules pieces du procés, parce
que ceux de qui l'on prend les
sentimens considerant l'affaire
par des vûës differentes, ou d'é-
galité d'interêt, ou d'acception
de personnes ou de Iustice, font
souvent de contraire opinion,
appuyez respectivement sur des

raisons vrayes ou apparentes, dont les Magistrats ont peine à faire le discernement. C'est faute de connoître la nature du contract des Lettres de change, & de sçavoir les principes qu'il faut suivre pour en décider les contestations ; cela vient de ce que nos Iurisconsultes François ne se sont pas appliquez à traiter cette matiere, comme ils ont fait toutes les autres qui font le sujet des procés : Car encore que Me Maréchal ait mis au jour en 1625. un Traité des Changes & rechanges & banquerouttes, remply de beaucoup de citations des Loix & de Docteurs, il a si peu parlé des Lettres de change & avec si peu d'ordre, que l'on voit bien qu'il n'a pas seulement

connu la nature du contract
des Lettres de change. Clerac a
fait imprimer à Bordeaux en
1659. un autre Traité des Changes ; mais il n'a pas mieux réüßi
que le premier. Enfin le Sieur
Iacques Savary a donné au public son Parfait Negociant,
dans lequel il a rapporté plusieurs Arrests & plusieurs que-
stions de Lettres de change fort
utiles au public ; mais comme il
n'a traité cette matiere qu'inci-
demment, s'il faut dire ainsi,
& qu'il n'a pas suivy toutes les
circonstances de la negociation
des Lettres de change, quoi-qu'il
ait incomparablement mieux
fait que ceux qui l'ont precedé,
il a encore laißé beaucoup à faire ; c'est pourquoy encore qu'il

PREFACE.

ait fait voir quel est le veritable esprit de l'Edit du commerce du mois de Mars 1673. qui
est la Loy du Royaume pour la
negociation des Lettres de change ; neanmoins , comme cet Edit
ne peut pas porter son autorité
dans les pays étrangers , & qu'il
ne contient des dispositions que
pour les cas les plus ordinaires,
l'on en voit tous les jours des
nouveaux qui ne peuvent être
décidez par les termes de cet
Edit , il faut avoir recours à
d'autres moyens.

Ayant travaillé pour moy-
même sur cette matiere avec application & succès , j'ay crû que
le public me sçauroit quelque
gré si je luy faisois part de mon
travail , puisqu'il donne une par-

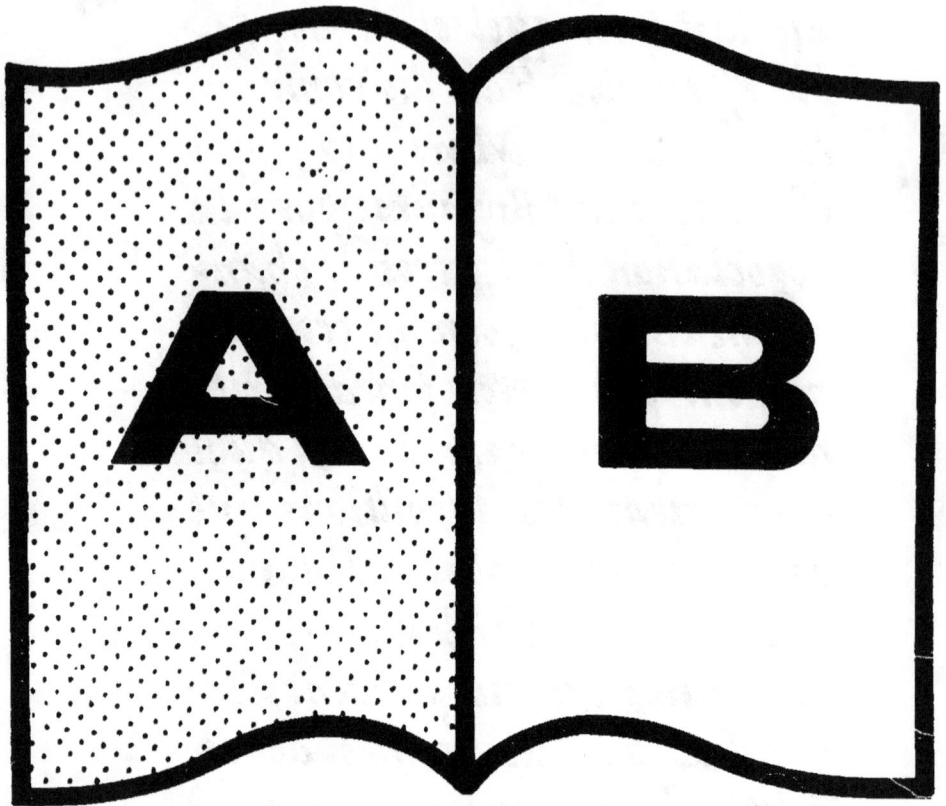

Contraste insuffisant

NF Z 43-120-14

PREFACE.

faite connoiſſance de la nature du contract des Lettres de change, & des principes pour en décider les queſtions.

L'on y trouvera toutes les plus curieuſes remarques que l'on peut deſirer dans le fait & dans le Droit, & les propoſitions ſont appuyées des Ordonnances, des Loix, des Arreſts ou des ſentimens des Auteurs les plus celebres, particulierement des déciſions de la Rote de Gennes, & de Sigiſmond Scaccia Iuriſconſulte Romain, qui a été Auditeur de Rote à Gennes, & dans pluſieurs Villes conſiderables d'Italie; ce ſont les deux plus fameux qui ayent traité des matieres de commerce, auſſi le Sieur Bornier les a citez fort ſouvent

PREFACE.

dans sa Conference sur l'Edit de reglement du commerce. Comme d'un côté rien n'est si incommode qu'un Ouvrage entrecoupé de citations, particulierement dans une matiere de commerce, où ceux qui entendent bien le fait, le plus souvent n'entendent pas le Latin ; & que d'autre côté c'est présumer de soy-même d'en vouloir être crû sur sa parole. J'ay paré à ces deux inconveniens, en faisant l'Ouvrage d'un style suivy, comme si tout ce que je propose étoit de moy-même, & mettant toutes les citations fort fidellement à la marge, comme si j'étois obligé de rapporter des garants de tout ce que j'avance ; l'on verra par là qu'encore que ce Traité soit com-

PREFACE.

posé de plusieurs materiaux
étrangers, j'y ay pourtant beaucoup contribue du mien; par l'ordre la dispositiõ, l'explication net-
te & intelligible des negociations
les plus obscures, & par l'application que j'ay fait à nôtre usage des Loix & des autoritez,
d'une maniere si naturelle, qu'il
semble que les passages soient
faits exprês. Enfin l'on ne croit
pas qu'il ait encore paru aucun
Ouvrage sur cette matiere, aussi
universel, aussi juste & aussi
solide que celuy-cy.

donner au public un Livre qu'il á composé intitulé *l'Art des Lettres de change, suivant l'usage des plus celebres places de l'Europe*, il Nous a fait supplier de luy en octroyer nos Lettres sur ce necessaires. A CES CAUSES, Voulant favorablement traiter ledit Exposant, Nous luy avons permis & octroyé, permettons & octroyons par ces presentes, de faire imprimer ledit Livre, par tel Libraire ou Imprimeur, & en tel volume, marges, caracteres, & autant de fois que bon luy semblera, pendant le temps de six années consecutives, à commencer du jour que ledit Livre sera achevé d'imprimer; iceluy vendre & distribuer par tout nôtre Royaume: Faisons défenses à tous Imprimeurs, Libraires & autres d'imprimer, faire imprimer, vendre ny distribuer ledit Livre, sous quelque pretexte que ce soit, même d'impression étrangere & autrement, sans le consentement dud. Exposant ou de ses Ayans cause, sur peine de confiscation des exemplaires contrefaits, quinze cens livres d'amende, & de tous dépens, domma-

ges & interêts , à condition qu'il en
fera mis deux exemplaires en Nôtre
Bibliotheque publique, un en celle
de Nôtre Cabinet des Livres de Nôtre Château du Louvre, & un en celle
de Nôtre tres-cher & Feal le Sieur
Boucherat, Chevalier Chancelier de
France; comme aussi de faire imprimer ledit Livre sur de bon papier &
en beaux caracteres, suivant les Reglemens de la Librairie & Imprimerie des années 1618. & 1686. que
l'impression s'en fera dans Nôtre
Royaume, & non ailleurs; & de faire enregistrer ces presentes sur le Re-
gistre de la Communauté des Marchands Libraires & Imprimeurs de
Paris, le tout à peine de nullité des
presentes , du contenu desquelles
Vous mandons & enjoignons faire
joüir & user ledit Exposant pleine-
ment & paisiblement , cessant & faisant cesser tous troubles & empêche-
mens contraires, Voulant qu'en mettant au commencement ou à la fin dud.
Livre l'extrait des presentes , elles
soient tenuës pour dûëment signifiées,
& qu'aux copies collationnées par

l'un de nos Amez & Feaux Conseillers Secretaires foy soit ajoûtée comme à l'original. Mandons au premier Nôtre Huissier ou Sergent faire pour l'execution des presentes toutes significations, défenses, saisies & autres actes necessaires, sans demander autre permission : CAR tel est Nôtre plaisir. Donné à Paris le 28. Février, l'an de Grace 1690. Et de Nôtre Regne le quarante-septiéme. Signé par le Roy en son Conseil, BOUCHER, & scellé en queuë d'un grand Sceau de cire jaune ; & en marge est écrit.

Registré sur le Livre de la Communauté des Libraires & Imprimeurs de Paris le 18. Avril 1690. suivant l'Arrest du Parlement du 8. Avril 1683. & celuy du Conseil Privé de Sa Majesté du 27. Février 1665. Ledit Sieur du Puys sera averti que l'Edit de Sa Majesté du mois d'Aoust 1686. Concernant la Librairie & Imprimerie, & les Arrests de son Conseil, ordonnent que le debit des Livres se fera seulement par un Libraire ou un Imprimeur.
    Signez P. TRABOÜILLET, *Ajoint.*

C. COIGNARD, *Ajoint*. ET P. AU-
BOÜIN, *Ajoint*.

Les Exemplaires ont été fournis.

Achevé d'imprimer le 17. *Iuillet* 1690.

A La Requeſte de Maître Jacques
du Puys, Ecuyer Sieur de la
Serra, Avocat en Parlement, demeurant à Paris, ruë des Petits-Champs,
Parroiſſe Saint Mederic, ſoit ſignifié
à Meſſieurs les Syndic & Ajoints des
Libraires & Imprimeurs de Paris,
dans la Chambre de la Communauté,
ruë & joignant l'Egliſe des Mathurins ; que ledit Sieur du Puys proteſ-
te de nullité de la clauſe que leſdits
Sieurs Ajoints ont mis le 18. Avril
dernier dans l'enregiſtrement du Privilege obtenu par ledit Sieur du Puys
le 28. Février dernier, pour l'impreſ-
ſion, vente & diſtribution du Livre
qu'il a compoſé, intitulé *l'Art des Lettres
de change, ſuivant l'uſage des plus celebres
places de l'Europe*, par laquelle clauſe

lefdits Sieurs Ajoints ont mis; ledit
Sieur du Puys fera averty que l'Edit
de Sa Majefté du mois d'Aouft 1686.
concernant la Librairie & Imprimerie, & les Arrefts de fon Confeil,
ordonnent que le debit des Livres
fe fera feulement par un Libraire ou
un Imprimeur, attendu que le Privilege qu'il a plû au Roy accorder audit du Puys, porte une permiffión
generale audit du Puys de vendre &
diftribuer par tout le Royaume ledit
Livre; & une défenfe expreffe à tous
Imprimeurs & Libraires de vendre
ny diftribuer ledit Livre, fous quelque pretexte que ce foit, fans le confentement dudit Sieur du Puys : Et
comme lefdits Ajoints n'ont aucun
pouvoir de reftraindre les graces
qu'il a plû à Sa Majefté d'accorder,
& que Monfeigneur le Chancelier a
bien voulu fceller, ledit Sieur du
Puys déclare que fans s'arrêter à leur
prétendu avertiffement, il en ufera
ainfi qu'il avifera bon être, ainfi &
comme en ont ufé plufieurs autres
Auteurs, même dans cette année,
Maître Jacques le Pelletier Avocat
en

en Parlement & expeditionaire en CourdeRome, pour le recueil general de tous les Benefices & Commanderies de France; ce que ledit Sieur Du Puys veut bien faire ſçavoir auſdits Sieurs Ajoints, à ce que ladite Communaute des Libraires & Imprimeurs n'en ignorent : Dont Acte le 20. Avril 1690.

Fait & ſignifié le contenu cy-deſſus, & réiteré les proteſtations auſdits Syndic & Ajoints de la Communauté des Libraires & Imprimeurs de Paris, en la Chambre de leur Communauté, en parlant pour eux au Sieur Bourdon, Concierge dudit Bureau, par moy Antoine Decamps Sergent à verge au Chaſtelet de Paris, demeurant ruë de la Vannerie, ſouſſigné le 20. jour d'Avril 1690. & laiſſé copie tant dudit Acte que du preſent Exploit, à ce qu'ils n'en ignorent. Signé DECAMPS, & au deſſous eſt écrit. Collationné à Paris le 21. Avril 1690. Signé DAVOLLE.

ẽ

TABLE

DES CHAPITRES.

L'ART

N. Guerard Inuenit et Fecit

L'ART
DES LETTRES
DE CHANGE.
PREMIERE PARTIE.

CHAPITRE PREMIER.

Du nom & des differentes especes de Change.

CHANGER est un ter-
me dont la significa-
tion est si étenduë, que
dans l'usage ordinaire
il s'applique toutes les
fois que l'on quitte
quelque chose pour en prendre une

A

autre, quoi-que même ce ne foit qu'une qualité, ou une habitude fpirituelle, & en ce fens-là le fubftantif eft changement ; mais dans le commerce il a deux fignifications : l'une pour les marchandifes, lorfque l'on en donne d'une forte pour en avoir d'une autre, & pour lors il eft finonime avec troquer, & n'a point de fubftantif : l'autre eft pour l'argent, & c'eft dans cette application que fon fubftantif eft change.

2 Il y a quatre efpeces de change.

3 La premiere ᵃ eft le change menu, ainfi que l'appellent les Docteurs, c'eft le plus ancien de tous ; c'eft lorfque l'on donne une forte de monnoye pour en avoir d'une autre forte: Par exemple, des Loüis d'argent pour avoir des Loüis d'or, moyennant quelque fomme de retour, que les Auteurs ont appellé *Collybus* ᵇ, & ceux

---

a Primum genus Cambii eft de pecunia præfenti cum pecunia præfenti, quod ideo folet fieri in uno eodemque loco, & regulariter pro non magna fumma ; & ideo vocant Cambium minutum, feu manuale. *Scaccia de Commerciis & Cambio.* §. *quæft. 5. 1. num. 2.*

b Collybiftæ idem funt, quia dicuntur à Collybo, qui eft illa merces, quæ datur pro illa permutatione. *Quæft. 3. num. 8. Corruvias de vet. num. collat. 7. num. 4. verf.*

qui le pratiquent *Collybistæ*, que nous appellons en nôtre langue Changeurs. Ciceron dans sa cinquiéme Oraison contre Verrès parle de ce *Collybus.*

4 La seconde espece de Change ᶜ est celuy de place en place, pour parler comme l'Ordonnance, il se fait par Lettres de change, en donnant son argent en une Ville, & recevant une lettre pour en retirer la valeur dans une autre Ville : ceux qui en font commerce ordinaire sont communément appellez Banquiers ; c'est de ce change qu'il sera parlé dans le present Traité.

5 La troisiéme espece est une imitation, ou pour mieux dire, une fiction de la seconde espece ; mais en

hac sanè ratione.

Ex omni pecunia, quàm aratoribus solvere debuisti, certis nominibus deductiones fieri solebant, primum pro spectatione & Collybo, deinde pro nescio quo ærario. Hæc omnia, judices, non rerum certarum, sed furtorum improbissimorum sunt vocabula, nam Collybus esse qui potest, cum utantur omnes uno genere nummorum ? *Cicero act. 5. in Verrem.*

c Secundum genus est Cambium quod fit de pecunia præsenti, cum pecunia absenti, ideoque cum fiat de loco ad locum fit per litteras, & hinc vocatur per litteras. *Scaccia dicto §. quæst. 5. num. 3.*

effet, un preſt uſuraire, que les Docteurs appellent Change ſec d & adulterin, lequel eſt reprouvé par les Bul-
les des Papes; il n'eſt pas connu en
France, il n'en ſera pas parlé pour
ne pas l'enſeigner.

6 La quatriéme eſpece eſt e celuy qui
eſt vulgairement appellé le Change
de Lyon, permis aux Marchands fre-
quentans les foires de Lyon, duquel
il ne ſera pas non plus parlé.

De ce Chapitre l'on peut tirer quatre Maximes.

d Cambium ſiccum eſt illicitum & prohibitum, ut
conſentiunt communiter omnes, hæcque prohibitio continetur expreſſe in conſtitutione Pii V. *Scaccia dicto §.
quæſt. 7. part. 1. n. 19.*

Dicitur illud ex quo lucrum exigitur, & accipitur ratione ſolutionis ad tempus dilatæ, ideoque reverà eſt mutuum licet habeat nomen Cambii. *Eodem n. 20.*

*La troiſiéme eſpece de Change, que pour diſtinguer
dans les autres; nous pourrions avec les Caſuittes, &
aucuns Iuriſconſules nommer* Cambium ſiccum *neſcio
qua ratione; puiſque par luy autant qu'autres, on tire la
ſubſtance, c'eſt-à-dire, l'argent & moyen des perſonnes
qui en ſouffrent ſur eux paſſivement l'uſage; mais nous
l'appellerons adulterin.* Maréchal Traité des Changes &
rechanges licites & illicites, chap. 1. pag. 26.

*e Il y a un autre eſpece de Change ſeulement toleré entre
Marchands trafiquans és foires de Lyon.* Maréchal audit
chapitre page 18.

MAXIMES.

1 Le Change, en termes de commerce, est un contract d'argent.

2 Il y a quatre especes de Change.

3 Il n'y a proprement que deux Changes licites à tout le monde, celuy d'une monnoye contre une autre, & celuy par Lettres.

4 C'est de l'essence des Lettres de change qu'il y ait remise de Place en Place.

CHAPITRE II.

De l'origine du Contract de Change de Place en Place par Lettres.

1 LE Change f de place en place par Lettres, duquel nous nous servons aujourd'huy, est un Contract qui n'a pas été connu par les anciens, & que la necessité a introduit pour le bien public, aussi ne

f Literarum Cambii prorsus incognita erat materia. *Gaytus de Credito tit. 7. num. 2480.*

se trouve-t'il point de Loy dans le Droit Romain qui en parle dans les termes, & pour l'effet dont on se sert aujourd'huy. Le Titre *de eo quod certo loco dari opportet*, & ce qui est dit dans plusieurs Loix *de nummulariis* A, *argentariis* B, *& trapesitis* C, étant bien different du Change & des Banquiers d'apresent.

2 Le temps de l'origine, & les inventeurs du Change qui se fait de place en place, lorsqu'une personne donne de l'argent dans une Ville pour avoir une Lettre en vertu de laquelle elle reçoive ou fasse recevoir dans une autre Ville le payement, sont fort incertains ; quelques-uns l'attribuent au bannissement des Juifs du Royaume, ordonné pendant les regnes de d'Agobert I. en 640. de Philippes Auguste en 1181. & de Philippes-le-Long en 1316. & disent que s'étans retirez en Lombardie, pour avoir l'argent qu'-

---

A. L. 9. §. 2. ff. de edendo L. 7. §. 2. ff. depositi.

B. L. L. 4. 6. 8. 9. 10. ff. de edendo. L. 50. ff. de adm.
Tut. L. L. 2. 3. ff. de re judic. no. 136.

C. L. 12. §. 3. eod. de Cohortalibus.

ils avoient dépofez entre les mains de leurs amis, ils fe fervirent du miniftere des Voyageurs & de Lettres, en ftile concis, & de peu de paroles.

3 De Rubis dans fon Hiftoire de la ville de Lyon, page 289. l'attribuë aux Florentins, qui chaffez de leur patrie par les Gibellins fe retirerent en France, où ils commencerent le, commerce de Change, pour tirer de leur païs, foit le principal, foit les revenus de leurs biens.

4 Cette derniere opinion femble la plus probable, parce que d'un côté la premiere produit une incertitude de plus de fix çens ans ; fçavoir, fi le Change a été inventé en 640. ou en 1316. & d'autre côté le banniffement des Juifs étant la punition de leurs rapines & de leurs malverfations, qui avoient attiré la haine de tout le monde, l'on ne peut pas préfumer que perfonne ait voulu fe charger de leur argent en dépôt, les affifter, & avoir commercé avec eux au préjudice des Ordonnances.

Ce Chapitre ne fournit qu'une Maxime.

MAXIME.

1 Le Contract de Change n'a pas été connu par les Anciens.

CHAPITRE III.

De la nature & de la définition du Contract de Change de Place en Place par Lettres.

IL est impossible de bien concevoir un Contract sans en connoître la nature, & en sçavoir la définition ; ce qui est d'autant plus vray dans celuy de Change, qu'étant nouvellement inventé, pour ainsi dire, il seroit impossible sans ces notions, d'avoir aucun fondement certain de tout ce que l'on en dira.

Le Contract de Change a deux faces, qui produisent deux natures differentes.

La premiere est la face d'entre le tireur, & celuy qui en donne la va-

/leur : & c'eſt ſur cette face que l'on examine la nature du Change.

La ſeconde face eſt d'un côté entre le tireur, & celuy qui doit payer la Lettre de change ; & d'autre côté entre celuy qui en donne la valeur, ou ceux qui ont droit de luy, & celuy qui en reçoit le payement : & de ces deux côtez c'eſt un mandement & une commiſſion dont il ſera parlé dans la ſeconde partie.

Les opinions ont été partagées ſur la nature du Change de Place en Place.

2 La premiere opinion eſt g, que le Change eſt une eſpece de prêt ; & cette opinion a été ſuivie par tous ceux qui ont blâmé le Change, comme illicite & uſuraire.

3 Mais il eſt aiſé de faire voir la fauſſeté de cette opinion, par les differences qui ſe rencontrent entre le contract de Change & celuy de prêt.

g Prima opinio eſt quod ſit mutuum hancque opinionem ſecuti ſunt omnes ii qui hac ipſa de cauſa deteſtantur Cambia, tanquam illicita & uſuraria. *Scaccia de Commerciis & Cambio. §. 1. quæſt. 4. num. 4.*

4 La premiere est h, que l'on ne peut pas dire que l'une de ces deux parties, qui contractent le Change réel de place en place, soit le Préteur ou l'Emprunteur, puis qu'étant de l'essence que l'Emprunteur reçoive premierement, & qu'ensuite il rende, il faudroit qu'il en fût de même dans le Change. Cependant souvent celuy qui fournit la Lettre de change reçoit la valeur en donnant la Lettre; souvent aussi il ne la reçoit que long-temps après, & même lorsque l'on a avis que la Lettre de change a été payée; ainsi pour soûtenir que le contract de Change fût un prêt, il faudroit qu'il fût quelquefois le Préteur, & quelquefois l'Emprunteur, ce qui seroit absurde: &

---

h Prima differentia est, quia si consideremus personam accipientis ad Cambium differentia est manifesta, quia mutuans prius dat & postea recipit; sed accipiens ad Cambium facit opositum primo recipitet postea dat, & sic ex parte accipientis non est mutuum. *Scaccia §.1.quast.4.n.5.*

Aucun billet ne sera reputé billet de Change, si ce n'est pour Lettres de change qui auroient été fournies, ou qui le devroient être.

Les billets pour Lettres de change fournies feront mention, &c.

Les billets pour Lettres de change a fournir feront mention, &c.

Articles 27. 28. 29. titre 5. de l'Edit du Commerce.

cette difference se tire des articles
27. 28. & 29. du titre 5. de l'Edit
du commerce du mois de Mars 1673.
en ce qu'il y est parlé des billets de
Change pour lettres fournies, ou à
fournir.

5 La seconde est i, que dans le
prêt il faut rendre en la même espece, & dans le Change le payement
ne se fait pas en la même espece;
puisque d'un païs à l'autre les mêmes
especes n'y ont pas cours.

6 La troisiéme difference est[l], que
dans le prêt, l'on ne peut jamais
rendre moins que l'on a reçu, & l'on
ne peut pas diminuer le principal ;
mais dans le Change souvent celuy
qui prend la Lettre de change reçoit
moins qu'il n'a donné, le plus ou le
moins dépendant de la rareté, ou de
l'abondance d'argent qu'il y a pour

---

i Secunda differentia, quia in mutuo res mutuata reddi
debet in eadem speciè, nempe vinum pro vino moneta argentea, pro argentea, aurea, pro aurea. L. 99. ff. de solut.
At in Cambio reddi debet res alterius speciei. Scaccia
§. 1. qvast. 4. num. 7.

l Tertia differentia, quia capitale mutui, minui non
potest ; secus est in Cambio, quia potest evenire, ut dans
Cambio detrimentum patiatur in sorte. Scaccia de Com-
mercio & Cambio §. 1. quast. 4. num. 11.

la place où la Lettre de change doit être payée.

7 La quatriéme difference est [m], que le prêt doit être rendu au même lieu où il a été fait; mais le Change au contraire, doit être payé en une autre Ville que celle où il a été contracté.

8 La cinquiéme est, que le prêt ne se fait qu'en faveur de l'Emprunteur [n], au lieu que le contract de Change se fait en faveur & pour l'utilité des deux personnes qui le contractent : car il est autant utile à celuy qui donne son argent pour recevoir dans une autre Ville où il en a besoin, qu'à celuy qui le reçoit pour donner sa lettre, en vertu de laquelle il doit être payé.

9 Ainsi par toutes ces differences essentielles, il est constant que le

[m] Differt, quia in Cambio saltem reali, & vero quod fit ratione loci, & per litteras necesse est, ut commutetur pecunia unius loci pro pecunia alterius loci, at mutui restitutio fit in eodem loco, ubi fuit acceptum. *Scaccia* §. 1. *quæst.* 4. *num.* 14.

Mutuum date nihil inde sperantes. *Matth. cap.*

[n] Contractus Cambii fit ad utriusque contrahentis utilitatem. *Scaccia* §. 2. *Gloss.* 5. *num.* 447. *Rota Genuensis decisione* 32. *num.* 5.

Change n'eſt pas un prêt ; ce qui eſt tres-important , parce que n'étant pas un prêt, il n'eſt pas ſuſceptible d'uſure º, l'uſure ne pouvant tomber que dans le prêt veritable ou pallié, au ſentiment des Docteurs.

10 Sur ce principe , ceux-là ſe trompent, qui diſent que de prendre davantage que le cours ordinaire pour fournir une Lettre de change c'eſt une uſure, car ce n'en eſt point une ; ce peut bien être un mal, une fraude, une eſpece d'injuſtice ; mais le nom d'uſure ne luy convient point. De même que ſi un Marchand de bled ou d'autres marchandiſes, vend ſon bled ou ſa marchandiſe un prix bien plus haut que le courant du marché , il commet bien un mal ; mais ce mal ne peut pas être appellé une uſure. De même un Marchand de bois ou d'autres denrées taxées, qui vendroit plus haut que la taxe , com-

---

º Ultimo loco propoſuimus in definitione uſuram, vi mutui committi , aperte intelligentes hoc crimen in aliis contractibus, quam mutui, nequaquam accidere. *Couarruvarias Variarum res ol. lib. 3. cap. 1. verſ. hinc juſtiſſime. Scaccia* §. 1. *quaſt. 7. part. 1. num. 25. & part. 3. limit. 6. num. 3. Gibalin. de uſur. cap. 8. art. 1. reg. 2.*

mettroit une contravention & une injuſtice ; mais on ne pourroit pas dire qu'il auroit commis une uſure. Par la même raiſon, lorſque les Lettres de change de Paris à Lyon perdent par exemple un pour cent, il ne faut pas dire qu'une Lettre de change qui ſera de 1010 liv. pour mille livres de valeur comptant, ſoit contraire à l'article 6. de l'Edit de commerce, comme contenant l'intereſt avec le principal ; car ces dix livres ne ſont point un intereſt, c'eſt le prix du Change , c'eſt-à-dire, qu'à cauſe de la rareté de l'argent. Entre Paris & Lyon, celuy qui a une creance à Lyon de 1010 liv. ne la peut vendre dans Paris que 1000 livres.

11 La ſeconde opinion eſt P, que le contract de Change ſoit un contract anonime *do , ut des* ; mais outre que cette opinion eſt peu ſuivie, qu'elle eſt trop generale, elle ſe trouve détruite par le nom de Change, qui eſt ſpecialement affecté à ce contract.

p Secunda opinio, quod ſit contractus innominatus do, ut des. *Scaccia §. 1. quæſt. 4. num. 17.*

12 La troifiéme opinion eft q, que c'eft une permutation d'argent pour de l'argent ; mais cette opinion n'eft pas fuivie, parce qu'elle ne nous marque que le genre fupréme , & nous cherchons l'efpece dans le genre.

13 Enfin la quatriéme opinion eft r, que le Change réel de place en place , c'eft une efpece d'achapt & vente, de même que les ceffions & tranfports ; car celuy qui fait la Lettre de change vend, cede, & tranfporte la creance qu'il a fur celuy qui la doit payer.

14 Il n'y a qu'une feule difference f qui n'eft pas effentielle ; c'eft

q Tertia opinio eft , quod fit permutatio pecuniæ pro pecunia. Scaccia §. 1. quæft. 4. num. 18.

r Quarta opinio eft, quod fit contractus emptionis & venditionis. Ioan. de Anan. in capite ult. naviganti fub num. 46. & 47. & alii. Dicens Cambium effe contractus emptionis ex parte emptoris , & venditionis ex parte accipientis ; Cambio & fic pecunia ejus qui dat, Cambio eft pretium & pecunia confignanda. Poftea ex civitate placentiæ , feu Romæ eft refempta & vendita , &c. Scaccia §. 1. quæft. 4, num. 21, Rota Genuenfis decif. ult. num. 41. verf. 1. ratione & decif. 32. num. 5. Gaytus de credito cap. 2. tit. 7. num. 1208. & num. 2293.

f Et quod Cambium differat à venditione fola materia, quia non verfatur, nifi circa pecunias, & quod contractus Cambii habeat eafdem differentias, quas habet contractus emptionis & venditionis. Scaccia loco citato.

dans la matiere , parce qu'il ne s'exerce que de monnoye à monnoye; mais il a toutes les proprietez que le Contract d'achapt & de vente, & ce qui fait la matiere du Change peut être venduë.

15 Premierement [t], ce qui peut recevoir d'augmentation ou de diminution dans son prix peut être vendu, les monnoyes qui font la matiere du Change peuvent être augmentées ou diminuées de prix, donc elles peuvent être venduës.

16 Secondement [u], parce qu'une monnoye vaut plus en un lieu qu'en un autre, quoi-que du même poids & titre; comme la pistole d'Espagne, qui vaut à Madrit quatre pieces de huit reaux, & en France elle n'en vaut que trois & deux tiers, & ainsi

[t] Quia pecuniæ æstimatio crescit & decrescit, sed ea quorum precium crescit & decrescit sunt vendibilia, ut experientia patet, ergo, &c. *Scaccia loco citato num. 25.*

[u] Quia una pecunia propter cursum valet plus uno loco quam alio, licet sit ejusdem ponderis & mensuræ ; quare florenus aureus, vel ducatus venetus propter suum cursum valet plusquam aureus bononiensis, vel ducatus Romanus, &c. *Scaccia num. 26.*

Si recipit varias æstimationes, ergo est emibilis. *Scaccia num. 28. in fin.*

de

de beaucoup d'autres fortes de monnoyes; & par confequent fi elles reçoivent diverfes eftimations, elles peuvent être venduës.

17 Troifiémement ˣ, l'argent eft contenu dans le terme general d'effets mobiliaires, & les effets mobiliaires peuvent être acheptez & vendus, comme l'on les achepte & vend tous les jours; donc l'argent en tant qu'effet peut être vendu.

18 Quatriémement ʸ, tout ce qui peut être permuté peut être vendu: or une monnoye peut être permutée avec une autre monnoye, donc la monnoye peut être venduë.

19 Cinquiémement ᶻ, ce qui peut' être eftimé à prix d'argent peut être

x Quia pecunia continetur appellatione mercis, *ut ex Bald. fequitur Straccha traɛt. de mercat. part. 1. num. 75. Navar. in cap. navigant.* Sed merx poteft emi & vendi, ut quotidie emitur & venditur, ergo pecunia tanquam merx contraɛtari poteft. *Scaccia num. 29. & 30.*

y Quidquid eft commutabile eft etiam vendibile, &c. Sed pecunia eft commutabilis cum pecunia, ergo eft vendibilis. *Scaccia num. 31.*

z Illud eft vendibile quod pecunia eft æftimabile, fui enim pecuniæ ufus inventus pro pretio & menfura rerum comparandarum; fed ea pecunia feu moneta æftimatur alia, ut puta groffa per minutam, & è converfo; ergo moneta poteft emi & vendi. *Scaccia num. 32.*

B

vendu, puifque l'ufage de l'argent a
été introduit pour fervir de prix &
de mefure de toutes chofes venales :
or une monnoye eft eftimée par le
rapport quelle a avec une autre monnoye, peut être acheptée & venduë.

20 Sixiémement [a], toute chofe
venale a deux fortes de bontez ; l'u-
ne intrinfeque, & l'autre extrinfe-
que ; & c'eft de cette double bonté
que fe tire la juftice du prix que chaque chofe doit être venduë : or cette
double bonté fe trouve dans la monnoye, donc elle peut être venduë de
même que toute autre chofe.

21 Septiémement [b], le contract de
Change eft plûtôt une ceffion de la
creance que l'on a fur celuy qui la

<hr>

a Merx vendibilis habet duplicem bonitatem intrinfe-
cam, fcilicet & extrinfecam, & ab ifta duplici bonitate
fumitur juftitia pretii quod merx illa vendi debeat, ut
fciant omnes, fed ifta duplex bonitas reperitur in pecunia ; ergo etiam pecunia ficut alia merx eft vendibilis.
Scaccia num. 33.

b Nomina eorum qui fub conditione vel in diem debent, & emere & vendere folemus ea enim res eft, quæ
emi & venire poteft. *L.* 17. *ff. de hæred. vel act. vendi.*
Nominis venditio etiam ignorante, vel invito eo adverfus quem actiones mandantur contrahi folet. *L.* 3. *Cod.
de hæred. vel act. vendit.*

doit payer , qu'une vente d'argent :
or il est certain qu'une creance peut
être acheptée & venduë , donc le
contract de Change est une espece
d'achapt & vente.

22 Et quoi-que plusieurs Docteurs c n'estiment pas que le Change soit une espece de contract d'a-
chapt & vente , parce qu'ils ne peuvent pas se figurer que l'argent puisse être vendu ; neanmoins parce qu'il
paroît clairement que le genre su-
preme est la permutation à l'égard
duquel l'achapt & vente est une espece de laquelle l'on peut dire , que
le Change est une autre espece , puisque le premier propose de donner
une chose pour une autre ; le second
une chose pour de l'argent , & le
troisiéme de l'argent en un lieu pour
de l'argent en un autre lieu. J'estime d qu'il n'y a pas lieu de discon-

c Contrarium quod enim non sit contractus venditionis : eoíquia pecunia sit invendibilis , tenent. *Laur. de Ro-
dulphis, Ioan. Azor Medin. Navarr. Mich. Sa. Ioan. Ca-
vat. relati à Scaccia num. 34.*

d Tamen ego eligendam esse existimo quartam opinionem quod Cambium sit emptio & venditio : *ut dixi suprà
num. 21. & sequentibus :* tum quia efficaciter probatur ,
tum quia videtur magis communis. *Scaccia num. 37.*

venir que le Change ne foit un achapt, puifque la preuve en eft concluëment établie, & que c'eft l'opinion commune.

23 Le contract de Change peut être particulierement definy. e Un contract du Droit des gens , nommé de bonne foy , parfait par le feul confentement, par lequel donnant la valeur au Tireur, le Tireur fournit à celuy qui la luy donne des Lettres pour recevoir autant au lieu convenu.

24 Ce contract doit être appellé du Droit des Gens f, parce que l'ufage & la neceffité du commerce l'a rendu commun à toutes les nations.

25 Il eft appellé Nommé g, pour le differencier des contracts anoni-

---

e Contractus Juris gentium nominatus bonæ fidei folo consensu perfectus , quo dato pretio campfori ab eodem traduntur litteræ campfori ad tantundem alibi recipiendum.

f Illud dicitur de Jure gentium, quod æque apud omnes gentes fervatur ; fed Cambium in omnibus regnis & provinciis, & ubique terrarum exercetur, veluti reipublicæ & hominum commerciis necessarium : & ergo Cambium eft de Jure gentium. Scaccia §. 1. quæft. 6. num. 3.

g Quem quidem contractum alii appellant nominatum. Rota Genuenf. decif. 32. num. 5.

mes & des autres especes de son genre, aussi a-t'il un nom qui luy est propre, qui est Change.

26 Il est dit de bonne foy [h], parce que la bonne foy est la souveraine Loy du commerce, & que descendant de l'achapt & vente, qui est un contract de bonne foy, il doit en suivre la nature ; outre que suivant l'usage il consiste plus en bonne foy que les autres contracts.

27 Il est parfait par le seul consentement [i], à l'exemple de l'achapt & vente, puis qu'après le mutuel consentement l'un des contractans ne peut pas s'en dédire malgré l'autre, parce qu'il est fait pour l'utilité respective d'un chacun d'eux.

28 Mais il faut en France que ce consentement paroisse par écrit pour la preuve, suivant les Ordonnances, comme pour les autres contracts, autrement il ne pourroit être prou-

[h] Contractus Cambii, &c. consistit in bona fide magis quam alii contractus. *Rota Genuens. decis. prima num. 41. vers. prima ratione. i* Quæro X V I I I. an in contractu Cambii sit licita pœnitentia ; altero contrahente invito ? Respondeo quod non quia contractus Cambii fit ad utriusque utilitatem. *Scaccia §. 2. Gloss. 5. num. 347.*

vé que par le ferment du Défen-
deur.

29 Et quoi-que l'on dife par lequel donnant la valeur au Tireur,
il fournit à celuy qui la luy donne
des Lettres pour recevoir autant au
lieu convenu : il n'eft pas neceffaire
que la délivrance de la valeur & des
Lettres fe faffe precifément lors de
la convention en même-temps, les
parties pouvant convenir d'un delay
pour la délivrance de l'un ou de
l'autre, & même de tous les deux,
comme l'on peut montrer par deux
exemples de l'ufage.

30 Par exemple [1] lorfque l'on traite un Change pour quelque payement ou foire, dont l'écheance eft
éloignée, l'on ne délivre pas pour
lors la Lettre de Change ; mais un
billet portant promeffe de la fournir, qui doit être fait fuivant les formalitez prefcrites par l'Edit du mois
de Mars 1673. pour le commerce.

---

[1] *Les billets pour Lettres de change à fournir feront
mention du lieu où elles feront tirées, & fi la valeur en a
été reçuë, & de quelles perfonnes, à peine de nullité. Edit
du mois de Mars 1673. titre 5. art. 29.*

31 Que fi l'on donne les m Lettres & que la valeur n'en foit payable que dans un temps, celuy qui la doit, donne un billet, fuivant les formalitez prefcrites par le même Edit.

32 Et fi la valeur ny les Lettres n'ont pas été délivrées, & que la convention foit de les délivrer dans le temps convenu, l'on doit faire un billet double, pour pouvoir refpectivement prouver le confentement.

33 Et bien que la Lettre de change ne foit pas payée n, & qu'elle foit proteftée, le contract de Change eft toûjours bon & valable, parce que celuy qui en a donné la valeur, a une action en garentie pour tous fes dommages & interêts de Change & rechange, de la même maniere que dans l'achapt & vente.

m *Les billets pour Lettres de Change fournies feront mention de celuy fur qui elles auront été tirées, qui en aura payé la valeur, & fi le payement a été fait en deniers, marchandifes, ou autres effets, à peine de nullité.* Article 28.

n Si res vendita non tradatur in id quod intereft agitur, hoc eftrem habere, inter eft emptoris : Hoc autem interdum pretium egreditur, fi pluris intereft, quam res valet vel empta eft. *L. ff. de act. empt. & vend.*

L'on recueille trois Maximes de
ce Chapitre.

MAXIMES.

1 Les Lettres de change produifent deux efpeces de contracts : La
premiere, entre les Tireurs & celuy
qui en donne la valeur, qui eft une
efpece d'achapt & vente.

La feconde, entre le Tireur & celuy qui la doit payer, de même qu'-
entre celuy qui en donne la valeur
ou ceux qui ont droit de luy, & celuy qui la doit recevoir, qui eft une
commiffion.

2 Le Contract des Lettres de change
n'eft pas un prêt.

3 L'ufure ne tombe que dans le
prêt veritable ou pallié.

CHAPITRE IV.

*Des diverses formes des Lettres de change,
des personnes qui y entrent, des differens termes de payement, des differentes manieres d'en déclarer la valeur, & des Lettres missives qui s'écri-
vent à cette occasion.*

I C'EST plûtôt des exemples
pour faciliter l'intelligence
du contract de Change, que des formes necessaires, puisqu'il n'y a aucune forme prescrite o à ce contract;
& pourveu qu'une Lettre de change contienne p celuy qui la fait, celuy qui la doit payer, celuy à qui
elle doit être payée, celuy qui en a
donné la valeur, le temps du payement, & de quelle maniere la valeur

o Secundum sciendum est quod scriptura Cambii, non
habet certam præscriptam formam, ideoque potest diversis modis concipi. *Scaccia* §. 1. quæst. 5. num. 11.

p *Les Lettres de change contiendront sommairement le
nom de ceux ausquels le contenu devra être payé, le
temps du payement, le nom de celuy qui en a donné la
valeur,* &c. Edit de 1673. titre 5. art. 1.

à été donnée, les termes d'expref-
fion, & les autres conditions font arbitraires.

2 Si-bien que toute la confideration des Lettres de change fe reduit
à quatre.

La premiere regarde les perfonnes.
La feconde le temps du payement.
La troifiéme ce que l'on doit payer.
Et la quatriéme la valeur.

3 Pour ce qui regarde la premiere, il entre ordinairement quatre perfonnes 9 dans une Lettre de change;
fçavoir, celuy qui la fait, que l'on
appelle Tireur ; celuy qui la prend,
qui eft le Donneur de valeur ; celuy
qui la doit payer, & celuy qui la doit
recevoir.

9 Notum eft quod quatuor perfonæ ad complendum,
contractum Cambii intervenire debent, una dans, &
altera accipiens ad Cambium, ut de uno loco fcribentes,
& alio loco altera recipiens litteras, & folvere debens, &
altera exigens pecunias Cambiatas & tractas. *Rota Genuenf. decif. 1. num. 27.*

4   I. EXEMPLE.

M ONSIEUR[r],   *A Paris ce 11. Aoust 1679. pour l. 1000.*

A vüë il vous plaira payer par cette premiere de
Change à Monsieur Severin la somme de mille li-
vres, pour valeur reçuë comptant de Monsieur Lu-
cien, & mettez à compte, comme par l'avis de

    A Monsieur,   *Vôtre tres-humble serviteur.*
Monsieur Hilaire.   *Simeon.*
    A Lyon.

5 Pour donner lieu à l'execution
de ce contract, celuy qui a fait la
Lettre en donne avis à celuy qui la
doit payer, avec l'ordre de le faire;
par une Lettre missive à peu près en
ces termes.

6   A Paris ce 11. Aoust 1679.

M ONSIEUR,
Je vous ay tiré ce jourd'huy mille
livres payables à vûë à Monsieur
Severin pour valeur de Monsieur
Lucien je vous prie d'y faire hon-
neur, & de m'en donner debit.

r In hac litterarum formula illæ quatuor personæ apparent realiter & distinctæ. *Scaccia §. quæst. s. num.* 44.

Si celuy qui a fait la Lettre de change n'eſt pas creancier du moins d'une ſomme égale à celle de la Lettre de Change, il s'explique de quelle maniere il en fournira le fonds ; que s'il eſt creancier, il dit dans mon compte, ce qu'eſperant de vôtre ponctualité, je ſuis,

Monſieur,   Vôtre tres - humble
              ſerviteur N. Simeon

7. Celuy qui a donné la valeur écrit à celuy qui la doit recevoir une Lettre miſſive à peu prês de cette maniere.

8   à Paris ce 11. Aouſt 1679.

Monsieur,

Je vous remets mille liv. par la cy-jointe Lettre de change de Monſieur Simeon ſur Monſieur Hilaire de laquelle je vous prie de procurer le payement & m'en donner credit : s'il n'eſt pas debiteur de celuy à qui il envoye cette Lettre de change, il luy dit à quoy il veut que l'argent en ſoit employé, & ſuis

Monſieur,   Vôtre tres - humble
              ſerviteur Lucien.

9 Quelquefois l'on met dans la Lettre de change, il vous plaira payer à Monſieur Severin ou à ſon ordre.

Et il y a enſuite divers ordres ſucceſſifs ; mais cela ne change rien dans la ſubſtance de la Lettre de change, parce que tous ces ordres ne ſont que ſubrogations des uns aux autres pour mettre le dernier à la place de celuy à qui originairement elle étoit payable.

10   II. EXEMPLE.

Monſieur, *A Paris ce 14. Aouſt 1679. pour l. 2000*

A huit jours de vûë, il vous plaira payer par cette premiere de Change à Monſieur Felix ou à ſon ordre la ſomme de deux mille livres, pour valeur changée avec Monſieur Marcel, & mettez à compte, comme par l'avis de

A Monſieur,   Vôtre tres-humble ſerviteur.
Monſieur Victor.   Fabien.
A Roüen.

Et au bas ou au dos il y a.

Et pour moy payez le contenu cy-deſſus, ou de l'autre part, à l'ordre de Monſieur Vincent, pour valeur reçuë comptant de Monſſieur Julien.
A Paris ce 14. Aouſt 1679. Signé Felix.

& ainfi plufieurs autres.

11 Il eft bon de remarquer que l'E-
dit du commerce fe fert aux articles
12. 13. 15. 16. 17. 24. & 25. du titre 5.
des termes d'endoffer, d'endoffeurs,
& d'endoffement, pour fignifier mettre des ordres au dos. Ceux qui ont
mis des ordres au dos, & des ordres;
& à l'art. 23. du même titre il ôte au
terme d'endoffement la fignification
d'ordre, pour ne luy donner que celle de Mandement ou Procuration;
ainfi ce terme d'endoffement eft équivoque, il faut l'entendre fuivant que
le cas le peut dénoter.

12 Quelquefois la Lettre de change
eft payable à celuy qui en donne la
valeur, ce qui eft ordinaire lorfqu'il
va faire voyage au lieu où elle doit
être payée, & pour lors il n'y paroît
que trois perfonnes.

13 III.ᵉ EXEMPLE.

A Paris le 1. Aouſt 1679. pour l. 3000.

MONSIEUR,

A la fin de ce mois, il vous plaira payer par cette premiere de Change à Monſieur Romüald la ſomme de trois mille livres pour valeur reçuë comptant de luy-même, & mettez à compte, comme par l'avis de

A Monſieur,   *Vôtre tres-humble ſerviteur.*

Monſieur Paul.   *Gabin.*

     A Marſeille.

14 Que ſi celuy à qui elle eſt payable n'alloit pas à Marſeille pour en recevoir le payement, il y en a qui doutent ſi ſon ordre ſimple ſeroit ſuffiſant, & diſent qu'il faudroit un tranſport par devant Notaire, ou une procuration; mais ni l'un ni l'autre ne ſont pas plus forts qu'un ſimple ordre, ils ſont ſeulement plus auten-tiques.

15 Quelquefois celuy ſur qui la Lettre de change eſt tirée étant cor-reſpondant de celuy qui fait la Lettre de change, & de celuy qui en donne la valeur, elle eſt payable à luy-mê-me, & pour lors il n'y paroît non plus que trois perſonnes.

16   IV. EXEMPLE.

A Paris ce 18. Aoust 1679. pour ▽.1000. à d. 101. de gros.

MONSIEUR,

A deux usances, il vous plaira payer par cette premiere Lettre de change à vous-même, la somme de mille écus, à cent-un denier de gros pour écu, pour valeur reçuë comptant de Monsieur Benoist, & mettez à compte, comme par l'avis de

A Monsieur,   *Vôtre tres-humble serviteur.*
Monsieur Denis.   *Aubin.*
        En Amsterdam.

17 Il ne paroît non plus que trois personnes dans la Lettre de change, lorsque celuy qui la fait, met que c'est valeur de luy-même.

ſ Nunc pono formulam in qua tres tantum personæ apparent realiter & distinctæ, sed virtualiter sunt etiam quatuor nempe, quando una eademque persona gerit negotium remittentis, & trahentis solvendo sibi ipsi. *Scaccia loco citato.*

18   V. EXEMPLE.

A Paris le 21. Aouſt 1679. pour l. 4000.

MONSIEUR,

Aux prochains payemens d'Aouſt, il vous plaira payer à Monſieur Joüin la ſomme de quatre mille livres pour valeur en moy-même, & mettez à compte, comme par l'avis de

A Monſieur,   *Vôtre tres-humble ſerviteur.*

Monſieur Paul.   *Gabin.*

A Lyon.

19 L'on voit auſſi des Lettres de change où il ne paroît que deux perſonnes, celuy qui la fait, & celuy qui la doit payer.

20   VI. EXEMPLE.

A Paris ce 1. Aouſt 1679. pour ▽. 1000. à 74. Kre pour ▽.

MONSIEUR,

A la prochaine foire de Septembre, il vous plaira payer par cette premiere Lettre de Change à vous-même la ſomme de mille écus, à ſeptante-quatre Kreiſſer pour écu, pour valeur en moy-même, & mettez à compte, comme par l'avis de

A Monſieur,   *Vôtre tres-humble ſerviteur.*

Monſieur Hilaire.   *Simeon.*

C

VII. Exemple.

A Paris ce 1. Aoust 1679. pour l. 1000.

MONSIEUR,

A deux usances, il vous plaira payer par cette premiere Lettre de change, à mon ordre, la somme de mille livres pour valeur en moy-même, & mettez à compte, comme par l'avis de

A Monsieur,   *Vôtre tres-humble serviteur.*

Monsieur François.   *Gervais.*

     A Roüen.

21 Mais dans ces fortes de Lettres de Change du sixiéme exemple, il doit toûjours être sous-entendu une personne, & quelquefois deux ; car ou la Lettre de change est tirée pour compte d'une tierce personne qui n'est point mentionnée dans la Lettre de change, mais seulement dans la Lettre d'avis, ou qu'elle est remise pour compte d'un tiers qui n'est point non plus nommé, & quelquefois l'un & l'autre ; & en ces cas celuy à qui elle est adressée fait la fonction de plusieurs personnes [t], car il

---

[t] Proprie diversis respectibus una persona potest fungi vice duarum. *Rota genuens. decis. 1. num. 27.*

paye & reçoit de foy-même ; mais il
faut de neceffité que, ou la traite, ou
la remife foit pour compte d'un tiers,
parce qu'il ne fe peut pas faire qu'une
perfonne payé à foy-même fans quelque caufe étrangere ; fi-bien que du
moins trois perfonnes, & quelquefois
quatre , font effentiellement neceffaires dans la Lettre de Change.

22 Le feptiéme exemple arrive rarement, mais je l'ay veu, & quelques-
uns doutoient fi c'étoit une Lettre de
change : Pour refoudre ce doute, il
faut fçavoir la raifon qui produit de
pareilles Lettres de change, j'en remarque deux ; l'une eft lorfqu'un Banquier a ordre de tirer fur une place
à un certain prix qu'il juge avantageux ; mais ne trouvant aucune occafion, ni à ce prix, ni à aucun autre, ne fe trouvant point d'argent
pour cette place, il fe refout à prendre la Lettre qu'il tire pour compte
d'amy, pour fon compte, plûtôt que
de manquer à fervir fon amy , & at-
tendant l'occafion d'en difpofer , il
fait la Lettre de change payable à

ſon propre ordre : L'autre raiſon, lorſque le Tireur eſt creancier de celuy ſur qui il tire, & qu'avant de diſpoſer de ſa creance, il veut s'aſſurer par une acceptation du privilege des Lettres de change. En l'un & l'autre cas, je ne crois pas que l'on doive douter que ce ne ſoit une Lettre de change; car le ſubſtantiel s'y rencontre, qui eſt d'une part la remiſe de place en place; d'autre par le conſentement du Tireur au Donneur de valeur, & ſurabondamment de l'Accepteur. Du Tireur, dans le premier cas, par la Lettre de celuy qui a donné l'ordre de tirer au Donneur de valeur : & quoy que ce conſentement de deux perſonnes ne paroiſſe pas dans la Lettre de change que par une ſeule perſonne, il ne laiſſe pas que d'être parfait, repreſentant valablement deux perſonnes; l'une de mandateur, & l'autre de mandataire, comme il a été prouvé cy-deſſus.

Si l'on objecte qu'au ſecond cas il n'y a pas de conſentement de deux perſonnes, l'on répond que par l'ordre, ce confentement eft plein & entier, & par confequent que c'eft une Lettre de change.

Il faut encore remarquer que la qualité de Lettre de change ne peut être conteftée que par l'Accepteur, pour éviter la contrainte par corps, ou par le porteur, pour excufer fon défaut d'avoir fait les diligences dans le temps, l'un & l'autre font non recevables en cette pretention.

L'Accepteur pour l'avoir reconnu pour une Lettre de change, & l'avoir acceptée pour telle, & par fon fait avoir donné lieu au porteur de fuivre la foy de cet engagement. Le porteur pour l'avoir pris comme une Lettre de change, & s'être engagé à faire les diligences prefcrites pour les Lettres de change, l'on peut encore ajoûter un huitiéme exemple' fort rare.

VIII. EXEMPLE.

*A Caën ce 20. Aouſt 1679. pour l. 3000.
Au vingtiéme Decembre prochain je payeray dans
Paris chez Monſieur 3..... à l'ordre de Thomas, à
la ſomme de trois mille livres pour valeur reçuë de
luy en Marchandiſes.*

N. Clement 1....

23 Il n'y en a pourtant que deux qui
contractent & qui s'obligent ; celuy
qui fait la Lettre de change s'oblige
de la faire payer, & celuy qui en donne la valeur s'oblige de la faire recevoir : les deux autres, celuy qui la doit
payer, & celuy qui l'exige n'y entrent
que pour l'execution ; ils peuvent
neanmoins avoir des actions ſuivant
les cas, ainſi qu'il ſera expliqué dans
les Chapitres ſuivans.

24. La ſeconde conſideration regarde le temps du payement de la Lettre
de change, qui ſe reduit à cinq manieres differentes.

25 La premiere eſt à vûë u ou vo-

---

u Quando dicitur **pagate à lettera viſta** videtur cele-
rior, quàm in præcedenti injuncta ſolutio, vel ſaltem ce-
leritas ſtat expreſſa, & concludo ſolutionem eſſe faciendam ſtatim atque litteræ ſunt oſtenſæ. *Scaccia* §. 2. *Gloſſ.*
5. *num. 5.*

lonté, qui eſt la même choſe, parce qu'il faut payer à la preſentation.

26 La ſeconde à tant de jours de vûë, qui eſt un temps incertain, & qui ne ſe détermine que par la preſentation de la Lettre, parce qu'il ne commence à courir que de ce jour-là, afin que pendant qu'il court, celuy qui doit payer la Lettre de change puiſſe mettre la ſomme en état.

27 Ces deux ſortes de temps donnent lieu à une queſtion nouvelle & importante, que nous examinerons dans la ſuite, ſi la preſentation de la Lettre de change étant differée, le Tireur eſt reſponſable des évenemens.

28 La troiſiéme à tant de jours d'un tel mois, qui eſt un temps déterminé par la Lettre de change.

29 La quatriéme eſt à une ou pluſieurs uſances, qui eſt un terme déterminé par l'uſage du lieu où la Lettre de change doit être payée, & qui commence à courir, ou du jour de la datte de la Lettre de change, ou du jour de l'acceptation, il eſt plus long ou plus court, ſuivant l'uſa-

ge ˣ de chaque place. En France les uſances ſont reglées à trente jours, par l'Edit du mois de Mars 1673. titre 5. art. 5. Mais dans les places étrangeres il y a beaucoup de diverſité, dont il eſt à propos de rapporter l'uſage tel qu'il ſe pratique dans les principales, parce qu'il eſt difficile d'en trouver une notion precise.

30 A Londres l'uſance des Lettres de France eſt d'un mois de la datte, & d'Eſpagne de deux mois, & de Veniſe, Gennes & Livourne de trois mois.

31 A Hambourg l'uſance des Lettres de change de France, d'Angleterre, & de Veniſe eſt de deux mois de datte ; d'Anvers & Nuremberg de quinze jours de vûë.

32 A Veniſe l'uſance des Lettres de change de Ferrare, Boulogne, Florence, Lucques & Livourne eſt de cinq jours de vûë, de Rome & Ancone de dix jours de vûë, de Naples,

---

ˣ Quando dicitur à uſo dico ſolutionem faciendam eſſe infra decem dies & plures & pauciores, ſecundum uſum & placitum ; platearum in quibus fiunt Cambia. *Scaccia*, §. 2. *Gloſſ. 5. num. 8. Rota Genuenſ. deciſ. 32. num. 6.*

Bary, Lecée, Gennes, Aufbourg,
Vienne, Nuremberg & Sangal de
quinze jours de vûë, de Mantouë,
Modene, Bergame & Milan de vingt
jours de datte, d'Amſterdam, Anvers & Hambourg deux mois de datte,
& de Londres de trois mois de datte.

33 A Milan l'uſance des Lettres de
change de Gennes eſt de huit jours
de vûë, de Rome dix jours de vûë,
& de Sangal vingt jours de vûë, & de
Veniſe vingt jours de datte.

34 A Florence l'uſance des Lettres
de change de Boulogne eſt de trois
jours de vûë, de Rome & Ancone de
dix jours de vûë, de Veniſe & Naples
de vingt jours de datte.

35 A Bergame l'uſance des Lettres
de change de Veniſe eſt de vingt-qua-
tre jours de datte.

36 A Rome l'uſance des Lettres de
change d'Italie étoit de dix jours de
vûë; mais par abus l'on les a étenduës
à quinze jours de vûë.

37 A Ancone l'uſance eſt de quinze jours de vûë.

38 A Boulogne l'uſance eſt de huit
jours de vûë.

39　A Livourne l'ufance des Lettres de change de Gennes eft de huit
jours de vûë, de Rome de dix jours de
vûë, de Naples trois femaines de vûë,
de Venife vingt jours de datte, de
Londres trois mois de datte, d'Amfterdam quarante jours de datte.

40　A Amfterdam l'ufance des Lettres de change de France & d'Angleterre eft d'un mois de datte, de Venife, Madrid, Cadis & Seville deux
mois de datte.

41　A Nuremberg l'ufance de toutes les Lettres de change eft de quinze jours de vûë.

42　A Vienne en Auftriche de même.

43　A Gennes l'ufance des Lettres
de change, de Milan, Florence, Livourne & Lucques eft de huit jours de
vûë, de Venife, Rome & Boulogne
15. jours de vûë, de Naples 22. jours de
vûë, de Sicile un mois de vûë ou deux
mois de datte, de Sardagne un mois
de vûë, d'Anvers & d'Amfterdam &
autres places des Païs-bas trois mois
de datte.

44　La cinquiéme maniere eft aux
payemens ou à la foire, elle n'eft pas

generale par toutes les places ; mais
feulement pour celles où il y a des
foires établies , comme à Lyon , à
Franckfort, à Noüe, à Bolzan, à Lints,
& autres endroits, & ce temps eſt déterminé par les Reglemens & Statuts
de ces foires.

45 Pour ce que l'on doit payer, qui
eſt la ſomme exprimée dans la Lettre
de change, qui fait la troiſiéme conſideration , il ſuffit d'obſerver que
lorſque la Lettre de change eſt faite
en monnoye du lieu , & que là où elle
doit être payée cette monnoye n'y a
pas cours , l'on met le prix auquel elle doit être évaluée. Comme dans les
quatre & ſixiéme exemples que l'on a
mis à quel prix de la monnoye d'Amſterdam & de Franckfort les mille é-
cus doivent être évaluez.

46 Enfin pour la quatriéme & derniere conſideration qui regarde la
valeur , l'Edit du mois de Mars 1673.
titre 5. article 1. ordonne que l'on déclare dans la Lettre de change ſi la
valeur a été reçüe en deniers, marchandiſes ou autres effets : Mais
comme les étrangers ne ſont pas ſoû-

mis à cet Edit, l'on voit de leurs
Lettres de change, qui n'expriment
que la valeur reçuë, sans dire en
quelle nature d'effets, ou même valeur d'un tel, sans dire reçuë ; & ces
differentes expressions de valeur, auffi-bien que celles, valeur en moy-même, valeur rencontrée en moy-même,
même celles ordonnées par l'Edit,
donnent lieu à des frequentes contestations, qui seront examinées dans
la suite.

Il faut tirer six Maximes de ce Chapitre.

MAXIMES.

1 Les termes des Lettres de change
font arbitraires, pourvû qu'elle ex-
prime celuy qui la fait, celuy qui la
doit payer, quand elle doit être payée,
celuy qui en a donné la valeur, & de
quelle maniere il a donné la valeur.

2 Regulierement il entre quatre
personnes dans une Lettre de change.
ou du moins trois, quelquefois il n'en
paroît que deux ; mais il y en a toûjours une ou deux sous-entendués.

3 Quoi-qu'il y ait quatre person-

nes, ou même trois dans une Lettre de change, il n'y en a pourtant que deux qui contractent, celuy qui fait la Lettre de change, & celuy qui en donne la valeur, qui en est le proprietaire; les deux autres n'y entrent que pour l'execution.

4 Quoi-que celuy qui doit payer une Lettre de change, & celuy qui la doit recevoir, n'y entrent que pour l'execution, ils peuvent neanmoins avoir des actions suivant les cas.

5 Tous les differens termes de payement de Lettres de change se reduisent à cinq, à vûë ou à volonté, à tant de jours de vûë, à tant de jours d'un tel mois, à une ou plusieurs usances, aux payemens ou à la foire.

6 Lorsque la Lettre de change est faite en monnoye qui n'a pas cours où elle doit être payée, il faut mettre le prix auquel elle doit être évaluée.

CHAPITRE V.

Si l'on peut se retracter de la convention du Change, & si l'on peut opposer de n'en avoir reçu la valeur.

1 COMME cette proposition regarde deux personnes opposées, le Tireur & celuy qui donne la valeur de la Lettre de change, il faut l'examiner à l'égard de chacun en particulier.

2 Il faut commencer par celuy qui donne la valeur, comme le premier interessé, la Lettre de change n'étant qu'un moyen d'en tirer le payement.

Il s'agit donc de sçavoir si celuy qui a convenu de prendre une Lettre de change payable en quelque autre Ville peut se retracter sous quelque pretexte, comme quelque soupçon que la Lettre de change ne soit pas payée par défauts d'effets du Tireur entre les mains de celuy sur qui elle est tirée, ou par défaut de credit, ou sous quelque autre pretexte, & rendre la Lettre de change s'il l'a reçuë. la refuser si elle luy est offerte, refuser d'en payer la valeur, ou se la faire rendre s'il l'a payée.

3 Je suppose le fait de la convention prouvé, ou par écrit, ou par le serment; car par témoins il ne pourroit l'être au dessus de cent livres, suivant les Ordonnances, ny même par l'Agent de Change ou Courtier, à moins que les deux parties n'y consentissent y, auquel cas son seul témoignage seroit decisif, comme a remarqué Maréchal dans son Traité des Changes & rechanges, Chapitre 13. page 239.

4 Le fait posé pour constant, il y a trois opinions differentes.

5 La premiere est de ceux qui

---

y Et de même le proxenette Courretier est non seulement admis en témoignage au different des parties sur l'affaire qu'il a negocié; mais, illis requirentibus, il y peut etre contraint ; Acurs. Bart. & Angel. ad authen. de testibus §. quoniam. Et en ce cas, solus plene probat. Id. Bart. in L. Lucius in ff. de Fidejus Felin. ad caput veniens de testibus.

Le contraire est, si l'une des parties i'empêche : car en ce cas il ne peut être témoin. Acurs. eodem §. quoniam. Maréchal Traité des Changes, chapitre 13. page 239.

croyent que l'on peut fe retracter,
foit que la valeur ait été donnée ou
non ; & elle eft fi vifiblement abfur-
de, qu'il eft inutile de la refuter.

6 La feconde eft de ceux qui foû-
tiennent quecelui qui a convenu d'un
Change ne peut fe retracter z , fous
quelque pretexte que ce foit ; parce
que le contract de Change fe faifant
pour l'utilité reciproque des deux
parties qui en ont convenu , l'on ne
peut le refcinder malgré l'une des
parties. Cette opinion eft fondée fur
cette regle generale , que les contracts dans la convention dépendent
de la feule volonté ; mais leur entiere execution eft de neceffité.

7 La troifiéme opinion eft de ceux
qui diftinguent fi la valeur a été

z Quando campfor qui facit Litteras non vult refcin-
dere contractum Cambii, non tenetur reftituere pecunias;
nam cum contractus Cambii fiat ad utilitatem utriufque
partis non poteft refcindi altera parte invita. *Scaccia* §.2.
Gloff. s. num. 351.

Sicut initio libera poteftas unicuique eft habendi , vel
contrahendi contractus , ita renunciare femel conftitutæ
obligationi, adverfario non confentiente , non poteft ; qua
propter intelligere debetis. Voluntariæ actioni femel vos
nexos ab hac non confentiente altera parte , de cujus pre-
cibus fecifti mentionem, minime poffe difcedere. *L. s. Cod.
de oblig. & act.*

payée

payée l'on ne peut se retracter, que si la valeur n'a pas été payée, ils estiment que l'on le peut, les choses étant en leur entier.

8 Mais ils se trompent, parce que le contract de Change étant une espece d'achapt & vente [a], il doit suivre les mêmes regles : & comme l'achapt & vente ne laisse pas d'être parfait, encore que le prix n'aye pas été payé ; de même le contract de Change l'est, encore que la valeur n'aye pas été payée.

9 La seconde opinion peut donc servir de regle generale, comme la plus certaine : mais parce qu'il peut y avoir telle circonstance de fait, & des soupçons si legitimes, qu'il faudroit en juger autrement. Il faut examiner la qualité de ces soupçons, & les précautions qui doivent être prises.

10 Si les soupçons procedent de quelque changement considerable à la condition du Tireur depuis la convention du Change, que l'on dût

a Emptio & venditio contrahitur, simulatque de pretio convenerit ; quamvis nondum pretium numeratum sit, ac ne arrha quidem data fuerit. *Inst. lib. 3. tit.* 24.

D

conclure, que la Lettre de change venant à être protestée, il ne pourroit
pas en rendre la valeur; en ce cas on
pourroit luy demander caution ou
seureté, que la Lettre de change sera payée; & au refus de donner ces
assurances b, celuy qui auroit convenu de donner la valeur pourroit
s'empêcher de la payer; de même
qu'un Achepteur, lorsque la chose
acheptée est en danger d'être évin-
cée, peut se dispenser d'en payer le
prix, si l'on ne luy donne pas caution, & même il pourroit se faire rendre la valeur s'il l'avoit payée.

11 Mais si ces soupçons sont legers c, & qu'ils n'ayent pas un fondement public & manifeste, il faut de
necessité que celuy qui a convenu de
prendre une Lettre de change en

b Cum in ipso limine contractus immineat evictio,
emptorem, si satis ei non offeratur ad totius, vel residui
pretii solutionem non compelli, Juris autoritate monstra-
tur. *Lege 24. cod. de evictionib.* Si pro evictione pro-
mittere, non vis, non liberaberis, quominùs à te pecuniam
repetere possim. *L. ult. in fin. ff. de condict. causa data.*

c Illud quæritur. An is qui mancipium vendidit, debeat
Fidei jussorem, ob evictionem dare, quem vulgò auctorem
secundum vocant, & est relatum non debere, nisi hoc nominatim actum est. *L. 4. ff. de evictionib.*

donne la valeur, & execute la convention qui a été faite, fans demander caution ; & même fi la caufe de
ces foupçons n'eft pas arrivée depuis
la convention, elle ne peut fervir de
pretexte legitime pour s'en retracter,
ou demander caution ; parce que lors
qu'il a contracté d, il a fçu ou dû fçavoir la condition de celuy avec qui il
traitoit.

12 Car s'il étoit permis de fe retracter fur des foupçons legers, & qui
ont pû être prévûs au temps de la convention, la bonne foy du commerce
feroit aneantie, & celuy qui auroit
arrêté un Change ne le tiendroit qu'-
autant qu'il luy feroit avantageux ;
que s'il trouvoit à traiter à meilleur
prix avec quelque autre, il fe retra-
cteroit du premier, pour faire le fecond ; ce qui produiroit un defordre
univerfel dans le commerce.

13 Il faut donc conclure, que fi
celuy qui donne la valeur n'a pas de
foupçons legitimes & nouveaux, &
pour raifon defquels le Tireur de la

d Qui cum alio contrahit, vel eft , vel debet effe non
ignarus conditionis ejus. L. 19. ff. de reg. jur.

D ij

Lettre de change ne refuſe pas de luy donner des aſſurances que la Lettre de change ſera payée, il ne peut ſe retracter de ſa convention.

14 Pour ſçavoir ſi celuy qui a convenu de donner une Lettre de change peut s'empêcher de la donner, ou ſi l'ayant donnée il peut ſe diſpenſer de la faire payer : ce ſont deux queſtions qu'il faut examiner.

15 L'une, ſi l'on peut s'empêcher de donner la Lettre de change, & il faut diſtinguer ou la valeur en a été reçuë, comme dans l'eſpece des billets de Change pour Lettres à fournir, dont il eſt parlé dans le titre 5. article 27. & 29. de l'Edit du mois de Mars 1673. & en ce cas l'on ne peut aucunement ſe diſpenſer de fournir la Lettre de change, ou la valeur n'a pas été reçuë : en ce cas, ſi depuis la convention il étoit ſurvenu un changement conſiderable qui pût produire un ſoupçon legitime, tel qu'il a été expliqué cy-deſſus, que l'on en dût conclure que celuy qui a promis d'en donner la valeur ſera dans l'impoſſibilité d'y ſatisfaire au temps conve-

nu ; en ce cas, l'on pourroit se dispenser de fournir la Lettre, à moins qu'il
ne donnât caution : mais si les soupçons sont legers, sans fondement public & nouvelle cause, il faut executer la convention.

16 L'autre question est si la Lettre
de change étant donnée, le Tireur
peut s'empêcher de la faire payer,
sous pretexte qu'il n'en a pas reçu la
valeur.

Quelques negocians font deux dis-
tinctions.

17 La premiere, si la Lettre de
change porte pour valeur reçuë comptant, ou si elle porte valeur d'un tel,
sans dire reçuë comptant, ou valeur
changée, & disent, que lorsqu'elle
porte valeur reçuë comptant, le Tireur est obligé de la faire payer, à peine de tous dépens, dommages & interêts ; mais si la valeur est déclarée
d'une des autres manieres, le Tireur
n'est pas tenu de la faire payer, si
dans l'intervale de temps qu'elle a été
délivrée, jusques à l'écheance, il
n'est pas satisfait de la valeur.

18 Cette décision n'est pas genera-

lement vraye, comme il sera montré dans la suite.

19 La seconde distinction est, si la Lettre de change porte payable à un tel simplement, ou si elle porte payable à un tel ou à son ordre, ou à l'ordre d'un tel.

20 Si la Lettre de change est payable à un tel simplement, quelques-uns dans la présupposition que l'intention des contractans n'a pas été que la Lettre de change pût être transportée & cedée à d'autres, disent que le Tireur peut s'exempter de la faire payer, s'il n'est pas satisfait de la valeur.

21 Cette proposition est conforme à la disposition de l'article 30. du titre 5. de l'Edit de Commerce; & quoique cet article ne parle que des billets de Change, y ayant parité de raison, il peut aussi s'appliquer aux Lettres de change, d'autant plus que l'article 18. du même titre, qui est pour les Lettres de change, est dans le même esprit. Et quoi-que l'experience fasse voir tous les jours que l'on transporte des Lettres de change, quoi-qu'elles

foient payables à un tel fimplement,
& qu'il n'y ait pas plus de vingt ans,
que la plûpart des Lettres de change,
lors de l'écheance, fe trouvoient ac-
compagnées de plufieurs tranfports
les uns fur les autres, tous paffez pardevant Nótaires, & que la raifon fait
voir que l'on n'auroit pas la proprieté ᵉ d'une Lettre dechange, fi l'on
n'en pouvoit pas difpofer, & qu'il
foit certain que la tradition de la Lettre de change, enfuite de la convention, en donne la proprieté à celuy à
qui le Tireur l'a délivrée ; neanmoins
comme cette Lettre ne peut être tranf-
portée qu'avec fa caufe, toutes les
exceptions du Tireur demeurent
dans leur entier contre celuy qui s'en
trouve le porteur, comme contre celuy de qui la valeur eft déclarée,
parce qu'il ne peut pas avoir plus de
droit que luy ; d'autant plus que le
Tireur n'a donné aucune occafion de
fuivre fa foy, puifqu'il avoit marqué

ᵉ Propriè enim dominium eft proprietas. *Duarenus*
*difp.*17. Ita dominium definivit, jus de re aliqua corporali,
plenè ac liberè difponendi, extra quam, fi quid lege pro-
hibeatur. *Gottofredus in rub. ff. acquir. rerum. Dom.*

D iiij

qu'il n'entendoit agir qu'avec celuy
de qui la valeur eſt déclarée.

22 Et ſi la Lettre de change étoit
payable à ordre, & ſi elle eſt paſſée à
un tiers, le Tireur a encore la liberté de voir ſi elle n'appartient pas encore à celuy avec qui il eſt convenu,
& dont la valeur eſt déclarée ; car en
ce cas ſes exceptions ſont encore entieres : mais ſi la Lettre de change
portoit pour valeur reçuë comptant,
il ſeroit difficile d'oppoſer l'exception de ne l'avoir pas reçuë, parce
que la confeſſion faite dans la Lettre
de change ſeroit au contraire, & l'on
ne pourroit prouver cette exception
que par les Livres, ou par le ſerment
de celuy à qui la Lettre de change a
été donnée. Que ſi la Lettre de change portoit valeur changée f, ou de
quelque maniere qu'il parût, que ce
n'a pas été un payement réel & effe-
ctif ; en ce cas, l'exception ſeroit fondée par la Lettre de change même.

f Si recuſes ſolvere eo quod aſſeras fuiſſe à te mihi ſolutas in confectione litterarum, quia mercatores non fa-
ciunt Litteras cambii, niſi pecunias recipiant : Ego poſ-
ſum replicare quod feci Litteras ſpe futuræ numerationis.
Scaccia §. 2. Gloſſ. num. 7.

23. Mais ſi la Lettre de change appartient à un tiers en vertu des ordres, le Tireur ne peut ſe diſpenſer
de la faire payer, de quelque maniere
que la valeur ſoit déclaree, parce que
lorſqu'il a donné ſa Lettre de change, il a ſuivy la foy de celuy à qui
il l'a donnée; & ſi elle a paſſé en d'autres mains; il ne peut plus la retirer,
par la même raiſon ; qu'un Vendeur g ne peut pas vendiquer ſa marchandiſe, qui a paſſé de bonne foy
entre les mains d'un tiers, loſqu'il l'a
venduë à credit, parce qu'elle eſt
tellement devenuë propre de l'achepteur, qu'il en a pû diſpoſer comme
il a voulu ; & en la délivrant à un
autre en vertu d'un ordre, il luy a
tranſmis la proprieté. Et cette juriſprudence reçoit fort bien ſon application au fait des Lettres de change,
puiſque celuy qui la donne vend la
creance qu'il a de celuy qui la doit
payer ; ce que faiſant à credit, il en

---

g Sed ſi is qui vendidit fidem emptoris ſequutus fuerit di-
cendum eſt , ſtatim rem emptoris fieri. *Inſt. lib. 2. tit. 1.*
§. 41. L. 19. ff. de contrah. empt. Loüet Lett. P. num. 19.
& Brodau eod. Bacquet des droits de Iuſtice , chapitre 21.
num. 409.

perd tellement la proprieté, que lorfqu'elle n'eft plus entre les mains de
celuy avec qui il en a ftipulé la valeur à temps, qui eft fon achepteur,
il ne peut plus la revendiquer, il
doit imputer à fa facilité h le dommage qu'il en fouffre, autrement il y
auroit de l'injuftice, qu'un Tireur,
qui ne doit pas donner fa Lettre fans
la valeur, donnât occafion par fa
faute de tromper celuy qui traitte fur
le credit & reputation de fa Lettre.

La fubftance de ce Chapitre eft
comprife en quatre Maximes.

MAXIMES.

1 Comme le contract des Lettres
de change fe fait pour l'utilité reciproque du Tireur, & de celuy qui en
donne la valeur, il ne peut fe refoudre fans caufe legitime, ou confentement reciproque.

2 De même qu'un Achepteur peut
fe difpenfer de payer le prix ou le
repeter, lorfque depuis l'achapt il

---

h Quod quis ex culpa fua damnum fentit, non intelligitur damnum fentire. *L. 203. ff. de regulis Iuris.*

furvient un danger apparent d'évi-
ction, à moins que l'on ne luy donne caution ou feureté : De même celuy qui a convenu de prendre une
Lettre de change, qui eft une efpece d'Achepteur, peut fe difpenfer
d'en payer la valeur, ou la repeter ;
fi depuis la convention il furvient
quelque danger apparent que la Lettre ne fera pas payée, & qu'étant proteftée le Tireur ne pourroit pas en
payer le retour, à moins que l'on ne
donne caution ou feureté.

3 De même qu'un Vendeur à credit ne peut fe difpenfer de délivrer
la chofe venduë, à moins qu'il ne furvienne quelque accident à l'Achepteur qui le rende inhabile d'en payer
le prix à l'écheance ; de même celuy
qui a promis de fournir une Lettre
de change ne peut fe difpenfer de la
délivrer, à moins qu'il ne furvienne
quelque accident à celuy qui en a
promis la valeur qui le rende inhabile de la payer au temps convenu.

4 Tant que la Lettre de change
n'a point changé de propriété, ce-

luy qui l'a faite a ses exceptions
entieres : mais si la Lettre de change a changé de proprieté ; il faut
qu'elle soit accomplie, sauf au Tireur ses actions contre celuy avec
qui il a traitté.

CHAPITRE VI.

Du Porteur de Lettres de change.

1   APRE'S avoir parlé des deux
personnes qui contractent la
Lettre de change ; le Porteur est le
premier en ordre, dont il faut examiner le devoir & les droits.

2 La premiere chose qui regarde
le Porteur est la presentation & acceptation de la Lettre de change, &
il faut voir s'il peut être obligé de
presenter & faire accepter la Lettre
de change, & s'il peut obliger de
l'accepter.

3 Il semble inutile de parler de la
presentation, puisque l'Edit du mois
de Mars 1673. tit. 5. art. 2. a abrogé

le simple vû ¹ qui se mettoit sur les Lettres de change à tant de jours de vûë, pour en déterminer l'écheance sans aucun engagement : Mais comme la disposition de cet Edit ne fait pas Loy hors de France ; que de plus il excepte à l'article 7. le Reglement accordé à la ville de Lyon, qui a maintenu l'usage de n'être obligé d'accepter que les Lettres de change qui sont payables à l'un des payemens qui suivent les quatre foires, & qui sont ; sçavoir, celuy des Rois ou de la foire des Rois, depuis le premier jour de Mars jusques au premier jour d'Avril ; celuy de Pasques ou de la foire de Pasques, depuis le premier de Juin jusqu'au premier de Juillet ; celuy d'Aoust ou de la foire

---

¹ *Toutes les Lettres de change seront acceptées par écrit, purement & simplement, abrogeons l'usage de les accepter verbalement, ou par ces mots ; veu sans accepter, ou accepté pour répondre au temps, & toutes autres acceptations, sous condition, lesquelles passeront pour refus, & pourront les Lettres être protestées. Edit du mois de Mars 1673. titre 5. article 2.*

N'entendons rien innover à nôtre Reglement du second jour de Iuin 1667. pour les acceptations, les payemens, & autres dispositions concernant le commerce dans nôtre ville de Lyon. Article 7.

d'Aouſt, depuis le premier jour de
Septembre juſqu'au premier d'Octobre ; & celuy des Saints, ou de la
foire de la Touſſaints, depuis le premier Decembre juſqu'au premier Janvier. Il faut examiner la queſtion
entierement.

4 Le Porteur ne peut être obligé
de preſenter & faire accepter la Lettre de change , qu'entant que c'eſt
l'interêt du Tireur ou de celuy qui
en a donné la valeur , ou de ceux
qui ont paſſé les ordres, par le moyen
deſquels elle luy eſt parvenuë.

5 Le Tireur n'a aucun interêt en
l'acceptation de la Lettre de change,
parce qu'il n'eſt pas liberé par la ſeule acceptation, il eſt obligé juſqu'au
payement[1] à ſon écheance , ſuivant
l'uſage univerſel. Il ne peut donc
avoir interêt qu'à la preſentation, &
encore de celles ſeulement qui ſont à
vûë, ou à tant de jours de vûë, afin
que l'écheance en ſoit déterminée ;

---

[1] Scribentes Litteras cambii ſemper tenentur ad pecunias in eorum litteris contentas perſolvendas , actoribus
donec appareat fuiſſe ſolutas & ſatisfactas per illos , ſolvere debentes in litteris deputatos. *Rota Genuenſ. deciſ.*
1. num. 6. deciſ. 8. num. 19.

mais pour les autres dont l'écheance
eſt fixée par le jour du mois, par l'u-
ſance, par les payemens , ou par la
foire, la preſentation en eſt inutile
à ſon égard.

6 Il s'agit donc de ſçavoir ſi faute
par le Porteur d'avoir preſenté la
Lettre de change à vûë , ou à tant de
jours de vûë dans un temps convenable, il eſt reſponſable des évenemens qui peuvent arriver , enſorte
qu'il n'ait point de recours contre le
Tireur ; ce qui s'expliquera mieux
par un exemple arrivé en l'année
1675.

7 Un particulier François étant à
Treves au ſervice du Roy, écrivit
au mois de May 1675. à ſon frere negociant à Paris, de luy tirer à courts
jours la ſomme de deux mille livres :
ce frere de Paris en traita avec un
Banquier de Paris à deux pour cent
de ſa perte, (c'eſt-à-dire qu'il ne re-
çut que dix-neuf cens ſoixante livres
pour les deux mille liv. qui ſeroient
reçuës à Treves) il donna le 12. Juin
ſa Lettre de change payable à huit
jours de vûë à l'ordre de ce Banquier

pour valeur reçuë. Ce Banquier qui avoit donné la valeur la negocie le même jour avec un autre Banquier, à la même condition de deux pour cent de perte, & met son ordre payable à celuy de ce dernier Banquier.

8 Dans ce temps-là il y avoit des ordinaires reglez de Paris à Treves qui partoient deux fois la semaine, & faisoient le voyage d'une Ville à l'autre en cinq jours de temps avec toute liberté ; ces ordinaires ont été librement, & le commerce de Paris à Treves a été ouvert jusqu'au quatre d'Aoust que la Ville de Treves a été investie, ensuite assiegée & prise; dans cet intervale de temps, depuis le 12. Juin jusques au 4. d'Aoust, le Tireur & le premier Banquier ont souvent sollicité le dernier d'envoyer la Lettre de change, & il leur disoit l'avoir envoyée.

9 Quoi-qu'il y ait eu liberté de commerce & chemin ouvert de Paris à Treves, depuis le 12. Juin jusques au 4. d'Aoust, cette Lettre de change n'a pas été presentée. Cependant ce François qui étoit à Treves, & qui
avoit

avoit ordonné qu'on luy tirât à courts
jours, a toûjours tenu l'argent prêt
depuis qu'il a eu l'avis que cette Lettre de change luy avoit été tirée : la
Ville a été prife, luy prifonnier de
guerre, la fomme deftinée au payement de cette Lettre de change, tout
l'argent qu'il avoit outre cela & fes
hardes, tout a été pris par les enne-
mis.

10 Quelque-temps après la prife de
Treves ce dernier Banquier a rapporté la Lettre de change au Tireur,
& luy a demandé la reftitution de la
valeur, parce qu'il fçavoit que les
chofes n'étoient plus en état à Treves que cette Lettre pût être payée.

11 Le Tireur foûtenoit qu'il ne
pouvoit être obligé de rendre la valeur, parce que le dernier Banquier
n'avoit pas dû laiffer paffer un fi long-
temps fans envoyer la Lettre de change, d'autant plus qu'il en avoit été
preffé ; & qu'ainfi le fonds qui devoit
fervir à payer cette Lettre ayant été
pris par fa negligence, c'étoit à fes
rifques.

Les fentimens des negocians étoient
partagez.   E

12 Les uns étoient d'avis que le Tireur de Lettre de change devoit rendre la valeur, parce que les Lettres
étant à tant de jours de vûë, le Porteur peut la faire presenter quand
bon luy semble, n'y ayant point de
temps limité, pouvant s'il est Banquier, comme dans l'espece, la negocier d'une place à l'autre, selon sa
commodité ; & s'il est voyageur, n'é-
tant pas certain du temps auquel il
arrivera dans la Ville où la Lettre
de change est payable : & quand on
voudroit regler ce temps, il faudroit
suivre la disposition du titre 5. article 13. de l'Edit du mois de Mars
1673. qui porte que les Porteurs de
Lettres de change seront tenus de
poursuivre en garantie les Tireurs
dans les delais portez, suivant la distance des lieux ; Treves est une ville d'Allemagne pour où le delay est
de trois mois.

13 Que les ordinaires en cinq jours
de temps ne font pas à considerer,
parce qu'un homme n'est pas obligé
d'aller exprês en poste pour presenter la Lettre ; mais peut y aller à sa
commodité.

14 Les autres étoient d'avis qu'en affirmant par le particulier qui étoit à Treves, que lorfque la Lettre de change a été tirée, & jufques à la prife de la Ville, il avoit l'argent prêt pour la payer, la perte doit être aux perils, rifques & fortunes du dernier Banquier.

15 Cette opinion eft la plus raifonnable, fi l'on confidere bien la nature & les proprietez du contract de Change, qui font les voyes les plus certaines pour decider jufte, comme il fera montré cy-aprês.

16 Ce n'eft pas que la refolution de cette queftion ne foit difficile par fa nouveauté ; car encore que plufieurs Auteurs ayent écrit des Lettres de change, il n'y en a aucun qui l'ayent traitée. Sigifmond Scaccia Jurifc. Romain, qui a écrit fort amplement en l'année 1617. de tout ce qui regarde le commerce de Change, & qui a paraphrafé & fait des glofes fur chaque mot qui entrent dans la compofition d'une Lettre de change, n'a rien dit des Lettres de change à tant de jours de vûë ; quoi-qu'il ait parlé

E ij

des les Lettres à vûë, à tant d'un tel mois, à usance & en payemens; ce qui donne lieu de croire qu'en ce temps-là l'on n'avoit pas encore pratiqué ce terme de payement.

17 Dans la these generale le point de la difficulté est de sçavoir si le Porteur est absolument maître de ne presenter la Lettre de change que quand bon luy semble, pour faire commencer ces jours de vûë, & donner lieu à l'écheance de la Lettre; & si cependant tous les risques sont à la charge du Tireur, ou si le Porteur est obligé de presenter la Lettre dans un certain temps passé, lequel la Lettre de change est tellement à ses risques, que pourvû que le fonds pour la payer fut entre les mains de celuy sur qui elle est tirée, le Porteur ne puisse recourir sur le Tireur.

18 Pour resoudre cette difficulté, il faut rappeller les principes posez dans le Chapitre quatriéme.

Nous avons montré : *Primò*, que le contract de Change est une espece d'achapt & vente.

Secundò, Que c'est un contract de bonne foy.

Tertiò, Que ce contract eſt fait pour l'utilité des deux Contractans, qui ſont le Tireur & celuy qui donne la valeur, & non pas pour l'utilité particuliére de l'un des deux.

19 Prenant donc les maximes de ces principes, & les appliquant à la queſtion, l'on en tirera une deciſion certaine.

20 Premierement, lorſque le contract d'achapt & vente ᵐ eſt parfait, & que le Vendeur n'eſt point en demeure pour la délivrance, le peril & l'avantage qui arrive appartient à l'Achepteur ; appliquant cette maxime à la queſtion, le Tireur qui eſt le Vendeur n'ayant point été en demeure de faire délivrer au Porteur, (qui repreſente l'Achepteur) l'argent qui étoit à Treves, il faut conclurre qu'il étoit aux riſques de l'Achepteur, qui eſt le Porteur.

m Quum autem emptio & venditio contracta ſit, quod effici diximus, ſimul atque de pretio convenerit , cum ſine ſcriptura res agitur, periculum rei venditæ ſtatim ad emptorem pertinet : tametſi adhuc ea res emptori tradita non ſit, &c. Quidquid enim ſine dolo & culpa venditoris accidit, in eo venditor ſecurus eſt. *Inſt. de emp. & vend. §. 3. L. 4. ff. de peric. & comm. rei vend. L. 1. & 4. Cod. eod. L. 2. §. 1. ff. de in diem addictione.*

E iij

21 Secondement , dans les contraɔts n de bonne foy, il faut juger *ex bono*, *& æquo* , en interpretant les termes felon l'équité , & non à la Lettre , comme dans les contraɔts de Droit étroit.

Or pour interpréter les termes d'une Lettre de change à tant de jours de vûë felon l'équité, il faut dire que le Porteur eſt obligé de la prefenter dans un temps convenable ; car fi l'on vouloit qu'il eut la liberté de differer autant qu'il voudroit la prefentation , ce feroit l'interpreter comme un contraɔt de Droit étroit , où l'on s'attache à la Lettre : Mais ce feroit encore contre l'équité, parce que le Tireur ne feroit jamais dégagé , & feroit foûmis à tous les évenemens.

22 Troifiémement, puiſque le contraɔt de Change eſt pour l'utilité d'un chacun des contraɔtans , il ne faut pas que l'un des deux aye toute l'utilité & toute la liberté , & que l'autre foit expofé à toute la perte

n In bonæ Fidei judiciis libera poteſtas permitti videtur judicı ex bono & æquo æſtimandi. *Inſt. de aɔtionib.* §. 30.

ſans aucune liberté. Or il eſt conſ-
tant que ſi le Porteur n'avoit aucune
obligation de preſenter la Lettre
dans un temps convenable, il auroit
toute l'utilité, parce qu'il recevroit
quand bon luy ſembleroit ; s'il voyoit
une augmentation de monnoye prochaine, il ſe hâteroit ; s'il voyoit une
diminution, il retarderoit, il auroit
toute la liberté, & le Tireur ſeroit
expoſé à toutes les pertes, quoi-qu'il
n'eut aucune liberté, puiſqu'il eſt
certain qu'il n'eſt pas en ſon pouvoir
de ne pas payer la Lettre de change,
& s'exempter des dommages & interêts ſi la Lettre de change eſt proteſtée lorſqu'il en a reçu la valeur,
ou que la Lettre eſt paſſés au pouvoir
d'un tiers, comme il a été expliqué
au Chapitre precedent. Par conſequent, afin que l'utilité ſoit reſpecti-
ve, il faut que l'obligation ſoit reciproque ; & puiſque le Tireur eſt
obligé de faire payer la Lettre de
change lorſque le payement ſera demandé, il faut que le porteur ſoit
obligé de faire demander le payement dans un temps convenable.

E iiij

23 Et pour déterminer le temps convenable, le public auroit befoin d'un Reglement, cependant c'eſt aux Juges à l'arbitrer, & l'on croit qu'équitablement ſi la Lettre a été donnée à une perſonne pour ſon voyage, l'on peut doubler les journées du chemin, que ſi c'eſt dans le commerce, l'on peut doubler les ordinaires.

24 Dans l'hypotheſe propoſée il y a encore deux circonſtances remarquables, qui concourent à la deciſion ſuivant les principes.

25 L'une eſt que le Tireur a donné deux pour cent pour faire exiger l'argent qui étoit à Treves ; enſorte que ſon utilité n'eſt pas gratuite, puiſqu'elle a un prix au moyen duquel le Porteur étoit bien plus obligé de faire recevoir promptement cet argent, que ſi c'étoit luy qui eut donné un prix pour avoir cette Lettre, ou même ſi la convention avoit été au pair.

26 L'autre circonſtance eſt, que le Porteur a été pluſieurs fois enquis & ſollicité pour l'envoy & le recouvrement du payement de cette Lettre,

ce qui le met dans un dol ° réel de
n'avoir pas exigé ce qu'il pouvoit
facilement exiger.

27 Et l'opinion contraire n'eſt pas
bien fondée, ſur ce qu'il n'y a pas un
temps limité, étant à tant de jours
de vûë ; car outre ce que nous avons
dit cy-deſſus, que dans le contract
d'achapt & vente, le riſque eſt à l'A-
chepteur, lorſqu'il n'a tenu qu'à luy
de recevoir la choſe acheptée, qui
ſert de moyen ſuffiſant pour détruire
ce pretendu fondement : c'eſt qu'il
faut en venir à l'équité en fait de
Lettres de change, & moderer cette
liberté du Porteur, pour preſenter la
Lettre à un temps convenable ; de
même que l'on a fait pour les proteſts des Lettres de change. Car encore qu'avant l'année 1664. il n'y
eût aucun Reglement qui portât obligation de proteſter les Lettres de
change dans un certain temps limité,
& que le Porteur ſemblât être dans
une liberté entiere ; neanmoins par

° Dolus eſt ſi quis nolit perſequi, quod perſequi poteſt, aut ſi quis non exegerit, quod exigere poteſt. L. 44.
ff. Mandati.

Arreſt du Parlement de Paris du 7.
Septembre 1630. P la Cour jugea que
le Porteur étoit reſponſable de ſa
negligence , ayant laiſſé paſſer dix
jours ſans faire le proteſt ; ainſi par
une pareille équité l'on doit imputer au Porteur la negligence de
n'avoir pas preſenté la Lettre dans
un temps convenable.

28 Et l'application de l'article 13.
du titre 5. de l'Edit du mois de Mars
1673. n'eſt pas juſte , parce que cet
article n'eſt que pour les pourſuites
en garantie qui ſe font contre le Tireur & les endoſſeurs , au lieu qu'il
s'agit d'une preſentation à celuy ſur
qui la Lettre de change eſt tirée. Et
pour obſerver la difference , c'eſt que
l'acte qui ſe fait contre celuy ſur qui
la Lettre de change eſt tirée , qui eſt
le proteſt , doit être fait dans les dix
jours , ainſi qu'il eſt porté par l'article 4. du même titre ; au lieu que
pour la pourſuite en garantie il y a
quinze jours.

29 Enfin pour ne rien obmettre de
ce qui a quelque rapport à la queſ-

tion, il y a une espece qui a assez de
conformité à celle-cy dans la Loy
59. q au digeste *de solutionibus*, l'on
doit faire un payement, le creancier
ordonne de mettre la somme dans un
sac cacheté en dépôt chez un Banquier, jusques à ce que l'on ait examiné si tout l'argent est bon. Le Jurisconsulte répond qu'elle est aux risques du Creancier principalement,
s'il n'a tenu qu'au Creancier que l'argent fut d'abord examiné ; car pour
lors il faut considerer le Debiteur
comme étant tout prêt à payer, &
que le Creancier pour quelque cause
n'eût pas voulu recevoir. Dans nôtre
cas, il n'a tenu qu'au Porteur de presenter la Lettre pour la recevoir ;
par consequent l'argent qui étoit à
Treves doit être à ses risques : Partout ce qui a été dit cy-dessus, l'on
peut conclurre que le Porteur est ob-

---

q Si soluturus pecuniam tibi, jussu tuo signatam eam
apud nummularium , quoad probaretur deposuerit tui
periculi eam fore. *Mela, lib. 10. scribit*, quod verum est :
Cum eo tamen, ut illud maxime spectetur, an per te steterit, quominus in continenti probaretur : nam tunc perinde habendum erit , ac si parato me solvere , tu ex aliqua
causa accipere nolles. *L. 39. ff. de solutionibus.*

ligé de prefenter la Lettre de change,
qui eſt à tant de jours. de vûë dans
un temps convenable, autrement il
n'y a pas de recours en cas d'acc-
dent, que conformement à l'article 16. ſ du titre 5. de l'Edit du mois
de Mars 1673.

30 Quoi-que celuy qui a donné la
valeur de la Lettre de change, & les
endoſſeurs ayent grand interêt que
la Lettre de change ſoit acceptée,
parce qu'ils acquierent un nouvel
obligé ſolidairement avec le Tireur;
neanmoins le Porteur n'eſt pas obligé de la faire accepter, s'il n'en a
point d'ordre de celuy qui la luy a
envoyée : mais ayant eu ordre ſ de
rechercher l'acceptation s'il negli-
geoit de l'executer, ſuivant l'occur-

---

r *Les Tireurs ou Endoſſeurs des Lettres de change ſeront
tenus de prouver en cas de denegation, que ceux ſur qui
elles étoient tirées leur étoient redevables, ou avoient proviſion au temps qu'elles ont dû être proteſtées, ſinon ils
ſeront tenus de les garantir.* Edit de 1673. tit.5. art. 16.

ſ Qui mandatum ſuſcepit, ſi poteſt id explere, deſere-
re promiſſum officium non debet : alioquin, quanti man-
datoris interſit, damnabitur : ſi vero intelligit explere ſe
id officium non poſſe, id ipſum, cum primùm poterit
debet mandatori nunciare ; uti, ſi velit alterius opera utatur : quod ſi cum poterit nunciare, ceſſaverit, quanti man-
datoris interſit, tenebitur. L. 27. §.2. ff. mandati.

rence, il pourroit être tenu des dommages & interêts que sa negligence auroit causez.

31 Ce n'est pas que pour l'ordinaire le Porteur fait accepter la Lettre de change, & même s'il y a plusieurs ordres avant qu'elle luy parvienne, elle est acceptée ; & celuy qui a donné la valeur envoye ou la premiere ou la seconde à cet effet à quelqu'un de ses correspondans ; si-bien que si la premiere est envoyée pour faire accepter, la negociation & les ordres sont sur la seconde, qui est conçuë comme la premiere, si ce n'est qu'il est exprimé qu'elle ne peut servir qu'à son défaut.

32   EXEMPLE.

A Paris ce 18. Aoust 1679. pour ▽.1000. à 55. d. ster.

MONSIEUR,

  A deux usances, il vous plaira payer par cette se-
conde Lettre de change, n'ayant payé par la premiere
à l'ordre de Monsieur Thomas la somme de mille
écus, à cinquante-cinq deniers pour écu, pour valeur
reçuë comptant de Monsieur Amader & mettez à
compte, comme par l'avis de

  A Monsieur,   *Vôtre tres-humble serviteur.*
Monsieur Hilaire.   *Simeon.*
    A Londres.

    33 Lorsque la Lettre de change est
presentée à celuy sur qui elle est tirée, s'il fait refus de l'accepter par
écrit, le Porteur la fait protester par
deux Notaires, ou un Notaire & deux
témoins, ou par un Huissier ou Sergent avec deux Recors, suivant l'article huit du titre 5. de l'Edit de commerce du mois de Mars 1673. t

   t *Les protests ne pourront être faits que par deux No-*
taires, ou un Notaire & deux témoins, ou par un Huis-
sier ou Sergent, même de la justice Consulaire, avec deux
Recors, & contiendront le nom & le domicile des témoins
ou Recors. Edit du mois de Mars 1673. titre 5. article 8.

34 Il faut entendre cet article fuivant les differens ufages des lieux,
pour la paffation des actes. Car à Paris tous les actes authentiques pour
être valables doivent être reçus par
deux Notaires ; ainfi fi l'on faifoit
faire un proteft par un Notaire &
deux témoins, il ne feroit pas bon. De
même à Lyon, où les actes font reçus
par un Notaire en prefence de deux
témoins; fi l'on faifoit faire un proteft
par 2. Notaires fans témoins, il feroit
contre l'ufage, & par confequent nul.

35 A Paris l'on voit peu de protefts
faits par deux Notaires, le plus ordinaire étant de les faire faire par
un Huiffier ou Sergent & deux Recors : mais à Lyon l'ordinaire eft de
les faire faire par un Notaire & deux
témoins, à peu près en cette forme.

36 En la prefence du Notaire
Royal fouffigné, & des témoins après
nommez, Sieur   a prefenté
à Sieur   une Lettre, de laquelle la teneur s'enfuit u

*u Dans l'acte de proteft les Lettres de change feront
tranfcrites, avec les ordres & les réponfes s'il y en a, &
la copie du tout fignée fera laiffée à la partie fur peine de
faux, & des dommages & intérêts. Sufdit Edit art. 9.*

ſommant & interpellant ledit Sieur
de la vouloir accepter pre-
ſentement, pour la payer à la forme
d'icelle, proteſtant au refus de tous
dépens, dommages & intérêts, Changes & rechanges, de prendre ladite
ſomme au cours de la place de cette
Ville, ſur & contre qui il appartien-
dra, & de s'en prévaloir ſur telle place qu'il aviſera bon être, & ce parlant à   qui a fait réponſe
dont ledit Sieur perſi-
ſtant en ſes proteſtations a demandé
acte, & a été donné copie. Fait à
Lyon.

37 S'il y a des ordres à la Lettre de
change, il faut les tranſcrire en tranſ-
crivant la Lettre, & s'il y a des tranſ-
ports, il en faut faire mention.

La Maxime que l'on peut tirer de ce
Chapitre eſt.

Maxime.

Quoi-que le Porteur ne ſoit pas
obligé ſans ordre de faire accepter les
Lettres de change, il doit neanmoins
preſenter

préfenter dans un temps convenable, celles à tant de jours de vûë, pour en déterminer l'écheance ; & faute de le faire, il eft refponfable du rif-que.

CHAPITRE VII.

De l'effet que peut produire le proteft faute d'acceptation.

1 CE feroit inutilement que le Porteur d'une Lettre de change la feroit protefter faute d'acceptation ; fi ce proteft ne produifoit aucun effet, il faut donc voir quand le proteft faute d'acceptation peut produire quelque effet, & quel peut être cet effet.

2 Il eft certain que le proteft faute d'acceptation d'une Lettre de change payable dans une place où l'ufage n'eft pas d'accepter ne peut produire aucun effet [x], puifqu'il n'eft pas au

---

[x] Proteftatio non prodeft , in his , quæ à poteftate pro-teftantis non dependent. *Scaccia* §. 1. *quæft.* 7. *part.* 2. *ampliat.* 8. *num.* 300. *in fine.*

F

pouvoir de celuy qui protefte d'aller
contre l'ufage, & il n'y a que le proteft fait à l'écheance faute de payement, qui puiffe produire le retour,
& recours avec Changes & rechanges, à moins que la Lettre de change
ne portât la condition d'accepter à la
prefentation pour payer au temps,
comme l'on en voit quelquefois.

3 Il eft auffi certain que le proteft
faute d'acceptation d'une Lettre de
change payable en foire, ou payement
qui auroit été fait hors le temps de la
foire & du payement, & avant le
temps prefcrit par les Reglemens, ne
pourroit produire aucun effet, parce
qu'il feroit prematuré & contre la
difpofition de la Loy : Il faut donc
que le Porteur s'attache precifément
à l'ufage & aux Reglemens ; par
exemple, à Lyon, il ne peut faire
protefter faute d'acceptation, que
les Lettres de change qui font payables en payemens, à moins que la
Lettre de change ne portât autrement, comme il vient d'être dit, &
encore les Lettres payables en payemens, il ne faut les faire protefter

faute d'acceptation que le feptiéme
jour du payement, fuivant la difpofition expreffe du premier article du
Reglement du mois de Juin 1667. autrement le proteft feroit precipité &
nul, & par confequent ne pourroit
produire aucun effet.

4 Mais le proteft faute d'acceptation étant fait pour les Lettres payables en foires, ou payemens dans le
temps permis; & pour les autres Lettres de change en une place où l'ufage n'y foit pas contraire, il eft certain qu'il doit produire quelque effet.

5 Cet effet n'eft pas toûjours le
même, il eft different, fuivant le lieu
où la Lettre de change doit être
payée, comme fi c'eft en foire ou
payemens de Change, comme à Lyon,
Nouë, Frankfort, Bolzan & autres,
le Porteur peut à l'inftant s'en prévaloir y; c'eft-à-dire retirer, & le

y Tenere debemus fecundum veram Juris refolutionem
& Doctorum veriorem fententiam, quod fcribens Litteras cambii fit obligatus ad faciendum eas acceptari & com-
pleri, vel ad reddendam pecuniam. *Rota Genuenf. decif*
4. *num. 8.*

Litteræ quæ non fuerunt acceptatæ ab illis quibus erant.
directæ, imo proteftatio damnorum, & intereffe fecuta

Tireur ne peut se dispenser de payer,
avec les dommages & interêts, qui
sont les frais du protest & retour, que
l'on expliquera cy-après ; à quoy il
est condamné par corps, non seulement suivant l'article 4. du titre 34.
de l'Ordonnance du mois d'Avril
1667. l'article premier du titre 7. de
l'Edit du mois de Mars 1673. mais
encore suivant l'usage universel de
toutes les places.

6 Si la Lettre de change n'est pas
payable dans un lieu où il y ait foire
ou payement, ou qu'elle ne soit pas
payable en payemens, mais à usances
ou à un terme un peu long, le Porteur ne peut pas se prévaloir ny retirer sur un protest faute d'acceptation,
& le Tireur ne peut pas être contraint de rendre la valeur, n'y à au-

fuit ob moram intcresse incurrit. *Rota Genuens. decis.*
57. num. 2.

Diffendons à nos Cours & à tous autres Iuges de con-
damner aucuns de nos Sujets par corps en matiere civile,
sinon & en cas , &c. de Lettre de change , quand il y aura
remise de place en place. Ordonnance du mois d'Avril
1657. titre 34. art. 4.

Ceux qui auront signé des Lettres ou Billets de change
pourront être contraints par corps , &c. Edit du mois de
Mars 1673. titre 7. art. 1.

cuns dommages & interêts, qu'en vertu d'un protest faute de payement fait à l'écheance, la raison en est évidente ; c'est que le Porteur recevroit le remboursement avant le temps contre le gré du Tireur, ce qui ne se peut.

7 Tout ce qu'on peut exiger d'un Tireur sur un protest faute d'acceptation d'une Lettre de change de la qualité cy-dessus, c'est de donner des seuretez [z] qu'elle sera payée en son temps, comme des gages ou nantissemens, ou caution solvable ; & en cas de refus, l'on pourroit contraindre à rendre la valeur, parce que le protest faute d'acceptation produit une juste présomption que la Lettre ne sera pas payée à l'écheance, & le Tireur ne peut la détruire qu'en donnant des assurances valables au contraire.

8 La raison de la difference de l'effet du protest faute d'acceptation

z In omnibus bonæ fidei judiciis cum nondum dies præstandæ pecunia venit, si agat aliquis ad interponendam cautionem ex justa causa condemnatio fit. L. 41. ff. de judiciis, L. 31. ff. de reb. auth. Iud. poss. L. si ab arbitrio in fine ff. qui satis dare cogantur.

des Lettres payables en foire ou payement, & du proteſt faute d'acceptation des Lettres payables à d'autres
termes, eſt que la Lettre qui eſt payable en payement ou en foire eſt é-
chué, auſſi-tôt qu'elle doit être acceptée, & peut être payée, puiſque
d'abord que la foire où le payement
eſt ouvert, le terme qui luy eſt donné eſt venu, au lieu que l'écheance
des autres eſt encore eloignée,

9 Que ſi l'on oppoſe que l'on ne
peut obtenir des contraintes avant la
fin de la foire, ou du payement qu'il
faut differer, à s'en prévaloir juſqu'à
la fin, parce qu'il ſe pourra faire
qu'avant la fin de la foire ou du payement elle ſera acceptée & payée. Il
eſt aiſé de répondre que la durée de
la foire & du payement eſt donnée
pour faciliter les negociations &
payemens, & non pas pour les retar-
der, afin que chacun paye ce qu'il
doit en foire ou en payement, & diſ-
poſe de ſes effets, il eſt neceſſaire
que lorſqu'il preſente une Lettre de
change, il ſoit aſſuré de l'état qu'il
en doit faire, afin qu'il puiſſe pren-

dre ſes meſures, & donner un ordre à ſon commerce.

10 Et c'eſt pour cette raiſon que le reglement de la place de Lyon du mois de Juin 1667. porte à l'article premier que les acceptations des Lettres de change commenceront en l'aſſemblée qui ſe fera à cet effet le premier jour du mois de chaque payement, & continuëra juſqu'au ſixiéme jour incluſivement, après lequel les Porteurs des Lettres de change pourront les faire proteſter faute d'acceptation, & les renvoyer pour en retirer le rembourſement avec les frais du retour.

11 Cet article permet.

Primò, De proteſter faute d'acceptation après le ſixiéme jour incluſivement.

Secundò, Sur un tel proteſt, de renvoyer la Lettre de change en tirer le rembourſement, avec les frais du retour.

Et comme il ne parle que des Lettres payables en payement, il n'a pas d'application pour les autres.

Ce Chapitre fournit 3. Maximes.

F iiij

Maximes.

1 Le protest faute d'acceptation fait prematurément ne produit aucun effet.

2 Le protest faute d'acceptation deuëment fait en foire ou payement, produit un retour sans attendre la fin de la foire ou du payement.

3 Ce protest faute d'acceptation fait en place où l'on accepte, soit par l'usage ou par l'ordre de la Lettre, sert pour obliger le Tireur à rendre la valeur, ou à donner des seuretez qu'elle sera payée à l'écheance.

Chapitre VIII.

Des acceptations des Lettres de change.

1 PAr l'acceptation celuy à qui la Lettre de change est adressée s'en rend debiteur principal, & le Tireur n'en demeure plus que garant solidaire pour le payement ; mais ce n'est pas toûjours au profit du Por-

teur : car il y a deux cas ausquels le
Porteur n'en reçoit pas le payement,
& le protest qu'il en fait ne luy donne aucun recours contre le Tireur.

2 Le premier est lorsque celuy sur
qui la Lettre de change est tirée se
trouve creancier de celuy qui en a
donné la valeur, alors il peut accepter la Lettre de change pour payer
à soy-même, étant bien juste qu'a-
vant qu'il paye pour son debiteur,
ou à son acquit, il soit payé luy-même [a], & pour lors il fait une compensation de ce qui luy est dû avec
la Lettre de change. Cette compensation est un veritable payement,
pourvû que ce qui luy est dû soit en
état de compensation.

3 Quoi-que ce soit un usage ordinaire en Italie, à Lyon & ailleurs,
fondé en raison & en équité, autorisé par des Sentences de la conservation, confirmées par Arrests ; neann-
moins ceux qui n'ont pas vû agiter

---

[a] Ideo compensatio necessaria est , quia interest nostrâ,
potiùs non solvere , quam solutum repetere. *L. 3. ff. de
compensat.*

Qui enim compensat , solvit. *Rota Genuens. decis. 26.
num. 32. decis. 214. num. 5.*

cette question ont peine à comprendre d'une premiere vûë la justice d'u-
ne telle acceptation ; mais comme elle est conforme aux principes, il est
à propos d'en démontrer l'évidence
pour ôter tout sujet d'en douter.

4 Il est certain, comme nous l'a-
vons montré dans le Chapitre quatriéme, que le contract de Change
se fait entre le Tireur & celuy qui
en donne la valeur ; car ny le Porteur, ny celuy qui la doit payer, qui
sont dans une autre place, ne donnent point leur consentement à la convention qui s'en fait, & de consequent il n'y a que le Tireur & celuy
qui en donne la valeur qui soient
parties principales, le Porteur de la
Lettre de change ne pouvant être
consideré que,

5 Ou comme preposé pour en recevoir le payement, & comme procureur de celuy b, qui en a donné la
valeur.

6 Ou comme proprietaire de la
Lettre de change.

b Dum solvitur adjecto dicitur solvi creditori, quia re-
putatur procurator creditoris. *Scaccia* §.2. *Glossa* 7. *n.*38.

Si l'on confidere le Porteur de la première maniere comme procureur de celuy qui en a donné la valeur c, perfonne ne doute que celuy qui doit payer la **Lettre** de change ne puiffe luy oppofer la même compenfation qu'il pourroit oppofer à celuy qui eu a donné la valeur : Or il eft certain que fi celuy qui doit payer la Lettre de change eft creancier d de celuy qui en a donné la valeur, la compenfation fe fait de droit, & par conféquent

7 Si l'on confidere le Porteur de Lettre de change comme en étant le proprietaire, il ne l'eft que par la mediation & par la ceffion que luy en fait celuy qui en a donné la valeur, fans laquelle la Lettre de change n'auroit pas été faite. Or c'eft une maxime, que l'on ne peut pas être de meilleure condition c que fon

c Negocium præfumitur pertinere principaliter ad eum, qui numerat pecuniam, quia præfumitur pecunia fua, & appofitus folutioni videtur adjectus, tanquam fimplex procurator. *Scaccia* §. 2. *Gloffa* 7. *num.* 68.

d Si conftat pecuniam invicem deberi, ipfo jure pro foluto compenfationem haberi oportet. *L.* 4. *Cod. de compenfat.*

e Non debeo melioris conditionis effe, quam author meus, à quo jus in me tranfit. *L.* 175. §. 1. *ff. de reg. jur.*

Auteur, par lequel l'on a droit ; par
conſequent ſi celuy qui a donné la
valeur ne peut pas empêcher la compenſation, le Porteur, qui ne peut
avoir de droit que par luy, ne peut
pas l'empêcher non plus.

8 Et quand même le Porteur pre-
tendroit que la valeur eût été payée
de ſes deniers, il ne pourroit pas
empêcher la compenſation, à moins
que la Lettre de change n'en fît expreſſe mention, parce que la Lettre
de change ne peut appartenir qu'à
celuy de qui la valeur eſt déclarée.

9 Car encore que le Porteur prou-
veroit qu'il a remis ſes deniers, &
donné ordre à celuy qui a donné la
valeur de prendre la Lettre de change ; cela ne peut que luy donner une
action contre celuy qui a donné la
valeur, comme ſon commiſſionnaire
de qui il a ſuivy la foy : mais nullement pour empêcher la compenſation
d'une Lettre qui ne peut luy appartenir que par celuy qui en a donné
la valeur.

10 L'on ne doit donc plus douter
que celuy à qui la Lettre de change

est adressée étant legitime creancier de celuy qui en a donné la valeur, il ne puisse l'accepter pour payer à soy-même par compensation.

11 Car quoi-que quelques-uns soient d'opinion que l'article 2. du titre 5. de l'Edit de commerce ayant abrogé toute sorte d'acceptation condition-nelle (puisqu'il ordonne que les Let-tres de change seront acceptées pu-rement & simplement , & puisque aprês avoir abrogé en termes exprês le vû sans accepter, ou l'accepté pour répondre au temps, il conclud & tou-tes autres acceptations sans condi-tion) inferant par ces derniers mots que l'acceptation pour payer à soy-même soit une acceptation sous con-dition abrogée & défenduë par cet article ; ensorte que depuis l'Edit du commerce elle ne puisse plus être pra-tiquée. Neanmoins en penetrant cet article comme il le doit être, il n'em-pêche point cette acceptation.

Car si l'on examine les termes de cet article, (abrogeons l'usage de les accepter verbalement , ou par ces mots, vû sans accepter, ou accepté

pour répondre au temps.) Cette con-
clusion (& toutes autres acceptations
sous condition) dans toute son étenduë, l'on verra qu'elle détermine en
quoy doit consister cette abrogation;
c'est aux acceptations qui seront faites en des termes qui suspendent l'engagement à l'avenir f , & que l'intention du Roy n'est pas que l'Accepteur ne puisse point absolument faire que d'acceptations pures & simples, ou qu'il n'en fasse point du tout,
puisqu'il dit , lesquelles passeront
pour refus , & pourront les Lettres
être protestées, sous peine de l'abrogation de ces acceptations suspensi-
ves, & sous condition : L'on ne peut
donc pas disconvenir que l'Accepteur
n'ait la liberté de mettre à son acceptation telle condition qu'il voudra,
en souffrant un protest qui fera passer
la condition qu'il met pour un refus.

Maintenant, supposé que les acceptations pour payer à soy-même
soient comprises dans la disposition
de l'article 2. du titre 5. de l'Edit de

f Itaque tunc potestatem conditionis obtinet cum in fu-
turum confertur. L.39. ff. de rebus creditis.

commerce (quoi-qu'elles doivent passer pour des acceptations pures & simples ; puisque par de telles acceptations l'Acceptant s'engage au Donneur de valeur à l'instant sans aucune suspension g au temps à venir, & que le Donneur de valeur proprietaire de la Lettre de change profite d'abord de tout ce que porte la Lettre de change, qui sont les qualitez de l'acceptation pure & simple, au lieu que la qualité de l'acceptation conditionnelle c'est de suspendre à l'avenir l'engagement) supposé donc que cette sorte d'acceptation soit abrogée, pour toutes peines elles passeront pour refus, & il y aura un protest à la requeste du Porteur : L'effet de ce protest est que le Porteur, s'il est proprietaire de la Lettre de change recourre contre ses auteurs, jusques au Donneur de valeur, & à ceux qui sont cause de la qualité de cette acceptation ; que s'il n'est pas pro-

g Nam conditionis propria & præcipua potestas est suspendere, differre, morari. Hanc potestatem non habet conditio, quæ refertur ad præsens, vel præteritum tempus, ergo non est proprie conditio. *Cujac. ad leg. 37. & 39. ff. de reb. cred. in lib. 1. desin.. Papin. Ed. 1658. tom. 4. Colom. 624.*

prietaire qu'il la renvoye à ses auteurs, sans se mettre en peine d'autre chose; car de recourir contre le
Tireur, la qualité de payer à soy-même ne luy en donne aucun droit, par
la raison qu'elle ne procede pas de
son fait; mais du fait du Donneur de
valeur, que personne ne porte la peine de la faute & du dol d'autruy ʰ, &
que le dol doit nuire à celuy seulement qui l'a commis, comme le Donneur de valeur; car le Tireur a plei-
nement satisfait à tout ce qu'il doit,
& est entierement liberé dês lors que
sa Lettre de change est acceptée &
payée, à l'acquit de celuy avec qui il
a traitté, qui est le Donneur de valeur, comme elle l'est par l'acceptation qui en est faite pour payer à soy-
même en compensation de sa dette i.

Et le Porteur est d'autant plus non-
recevable à agir contre le Tireur,

ʰ Ex culpa alterius non debet quis pœnam pati. *Glossa
in L.meminerint* N.*Cod.und*₂6. Dolus ei duntaxat nocere
debet, qui eum admisit. *L. 9. ff. quæ in fraudem.*

Ne ex aliena malignitate, alienum damnum emergat.
L. 12. Cod. de acquir. vel retin. possess.

i Ipso jure pro soluto compensationem haberi oportet.
L. 4. Cod. de comp.

qu'il

qu'il ne peut pas avoir plus de droit
que le Donneur de valeur, qui eſt
ſon auteur, comme il a montré. Or
ſi ce Donneur de valeur vouloit recourir contre le Tireur, le Tireur
n'auroit qu'à luy dire, c'eſt à vous à
vous garentir, puiſque c'eſt vôtre
fait [1].

Que ſi le Porteur ne peut pas recourir contre le Tireur en vertu du
proteſt fait conformément à l'article
2. du titre de l'Edit du commerce,
nonobſtant que celuy à qui elle eſt
adreſſée l'a accepté pour payer à ſoy-
même (comme il a été prouvé:) Il
faut voir s'il peut quelque choſe contre cet Accepteur. Par l'exacte diſ-
cution cy-deſſus faite des termes de
l'article ; toute la peine des acceptations abrogées eſt de paſſer pour refus, & que les Lettres puiſſent être
proteſtées; & par conſequent n'y aïant
aucun terme qui donne d'action au
Porteur contre cet Accepteur, quand
il a accepté pour payer à ſoy-même.
Il eſt certain qu'il n'en peut pas avoir,
les Loix ſont de Droit étroit, elles

[1] De tuo etiam facto cavere debes. *L. 9. ff. mandat.*

G

ne souffrent pas d'extention au delà de leurs termes ; si l'intention du Roy eût été que l'Accepteur eût pû être engagé au Porteur par une telle acceptation l'article porteroit : & convertissons toutes acceptations sous condition en pures & simples ; mais une telle clause auroit blessé la Justice, elle auroit contraint un Accepteur creancier du Donneur de valeur d'être le ministre de la fraude que son debiteur luy fait, en negociant impunément une somme que la bonne foy veut être employée à son payement, cela est tellement contraire à l'intention de Sa Majesté, que par l'article 25. du même titre, elle maintient les redevables, qui sont les Accepteurs, dans le droit de compenser avec les proprietaires de la Lettre de change, comme les Donneurs de valeur.

12 Cette question éclaircie, il faut voir si le Porteur peut obliger cet acceptant de justifier sa creance aux termes de la compensation ; & faute de le faire, convertir son acceptation conditionnelle en pure & simple.

13 Si le Porteur de la Lettre de
change n'a aucun interêt propre en
la Lettre de change , il ne pourroit
pas demander cette juſtification ſans
une procuration expreſſe de celuy
qui en a donné la valeur, parce que
celuy qui n'a aucun interêt eſt ſans
action ; & même l'on pourroit dire qu'il devroit agir au nom de celuy qui a donné la valeur, qui eſt
le veritable proprietaire de la Lettre
de change , parce qu'en France il n'y
a que le Roy qui plaide par procureur.

14 Que ſi le Porteur eſt proprietaire de la Lettre de change en le
prouvant, il pourroit obliger l'Acceptant à juſtifier ſa creance ; mais parce que pour le faire dans l'ordre, la
preſence de celuy qui a donné la valeur, & qui eſt le debiteur réel ou
préſumé y eſt neceſſaire, il doit être
mis en cauſe à la diligence du Porteur, comme étant ſon auteur ou ſon
garant.

15 Comme c'eſt une maxime que la
compenſation ne ſe fait que de liquide à liquide , il eſt à propos de voir

quelle creance eſt reputée liquide &
& capable de compenſation , pour
ôter l'équivoque de ceux qui s'ima-
ginent qu'une creance n'eſt pas liquide, ſi elle n'eſt pas établie par des
titres d'execution parée qui eſt une
Sentence , un acte paſſé pardevant
Notaires , une Lettre de change acceptée ou proteſtée.

16 Une creance eſt liquide , lorſque la quantité en eſt certaine ᵐ ,
parce que liquide ne ſignifie que cer-
titude de la ſomme ; liquide & certaine étans deux termes ſinonimes,
ainſi qu'il paroît par la Loy 4. au
Cod. de ſententia , quæ ſine certa quantita-
te profertur , & par l'Ordonnance du
mois d'Avril 1667. au titre 26. article 6. où il eſt dit que toutes Sentences, Jugemens & Arreſts qui condam-
neront à des interêts, ou à des arrerages, en contiendront la liquidation
ou calcul, c'eſt-à-dire, la ſomme cer-

ᵐ Hac ſententia , quæ bona accepiſti , ſolve : cum in-
certum eſſet, quid accepiſſet : quantumcumque ab eo pe-
teretur, præſertim cum ipſe, qui extraordinem judicabat,
interlocutus ſit dotem datam , quæ repetetur, non liqui-
dam eſſe , judicati authoritate non nititur. **L. 4. Cod. de**
ſent. quæ ſine cert. quant. prof.

taine : & le titre 30. eſt entierement
pour rendre certaine la quantité ou
le prix des fruits par la liquidation,
auſſi-bien que le titre 32. pour les
dommages & intereſts.

17 Et même une creance dont la
ſomme n'eſt pas certaine, ne laiſſe
pas de paſſer pour liquide [n], pourvû
qu'elle puiſſe promptement être li-
quidée.

18 Et il eſt ſi vray que pour une
creance liquide il ne faut que la cer-
titude [o] ſans titre d'execution, parce qu'une dette purement naturelle
entre en compenſation, une action
même & un procés peut être mis en
compenſation.

19 De quelle maniere donc que ſoit
la creance, pourvû que la quantité
en ſoit certaine, elle peut être com-
penſée, & la preuve peut en être fai-

[n] Pro liquido tamen habendum eſt, quod impromptu
liquidari poteſt. *Cod. Fab. de compenſat. defin. 2. num. 2.*
[o] Etiam quod natura debetur venit in compenſationem.
L. 6. ff. de compenſ. In compenſationem etiam id deduci-
tur, quo nomine cum actore licet conteſtata eſt, ne diligen-
tior, quiſque deterioris conditionis habeatur ſi ei compen-
ſatio denegetur. *L. 8. ff. de compenſat.*

te, ſoit par le ſerment P du debiteur, ſoit par la ſeule confeſſion, ſoit par ſes Lettres, ou par toute autre preuve legitime.

20 Si neanmoins le terme de la creance n'étoit pas échu q, elle ne pourroit pas entrer en compenſation par la maxime vulgaire, qui a terme ne doit rien.

21 Pourvû donc que celuy à qui la Lettre de change eſt adreſſée ſoit creancier d'une ſomme certaine, ou qui puiſſe promptement être renduë certaine, & qu'elle ſoit échuë ; la preuve préſuppoſée, l'on ne peut pas l'empêcher d'accepter la Lettre de change pour payer à ſoy-même par compenſation, & le Porteur ne peut avoir ſon recours contre celuy qui en a donné la valeur.

22 Le ſecond cas auquel en cas que la Lettre de change ſoit acceptée,

---

p Jusjurandum ſpeciem tranſactionis continet, majoremque autoritatem habet quam res judicata. *L. 2. ff. de jur. jur.* Confeſſus pro judicato eſt, qui quodam modo ſua ſententia damnatur. *L. 1. ff. de confeſſ.*

q Quod in diem debetur non compenſabitur antequam dies venit, quanquam dari oporteat. *L. 7. ff. de compenſ.*

neanmoins le Porteur n'en reçoit pas le payement : Et lorsque quelque creancier de celuy qui en a donné la valeur a fait saisir & arrêter par autorité de Justice ce qui luy est dû, & pourra être dû entre les mains de celuy sur qui la Lettre de change est tirée avant qu'il l'ait acceptée ; car alors il ne peut accepter la Lettre de change que pour payer, ainsi qu'il sera ordonné par Justice avec le saisissant.

Et si la cause de la saisie est legitime, le Porteur n'en peut empêcher l'effet, par les mêmes raisons qui ont été dites cy-dessus à l'égard de la compensation : car il est certain que celuy qui a donné la valeur de la Lettre de change en est le veritable proprietaire jusqu'à l'acceptation, qu'il ne peut y donner plus de droit qu'il y en avoit ᵣ ; & que comme il ne pourroit empêcher l'effet de la saisie, celuy qui en est le Porteur ne peut pas l'empêcher.

23 Hors des deux cas cy-dessus,

ᵣ Nemo plus juris transferre ad alium potest , quam ipse haberet. L. 54. ff. de reg. Iuris.

G iiij

l'acceptation eſt toûjours pour payer
au Porteur, ou purement & ſimplement au deſir de la Lettre de change, ou ſous diverſes conditions, tant
du temps que de la ſomme ; car celuy qui accepte a la liberté de mettre
telle condition que bon luy ſemble,
ſoit pour la prolongation du terme
pour la diminution de la ſomme, &
pour la forme du payement purement
& ſimplement, & ſous proteſt, pour
honneur du Tireur de celuy qui a
donné la valeur, ou de quelqu'un
qui aura mis ſon ordre, comme il ſera dit cy-aprés. Mais dans tous les
cas où les acceptations ne ſont pas
pures & ſimples, au deſir de la Lettre, ſans aucune condition pour le
terme, pour la ſomme, & pour la forme du payement, le Porteur eſt obligé de proteſter, moyennant quoy le
Tireur, ou celuy pour compte de qui
la Lettre eſt faite, doit reparer tous
les dommages de ces conditions, ſauf
à recourir contre l'Acceptant, au cas
qu'il n'ait eu aucune raiſon de les
mettre dans ſon acceptation,

L'on recueille trois Maximes de ce
Chapitre.

MAXIMES.

1 Lorſque celuy à qui la Lettre de change eſt adreſſée eſt creancier de celuy qui en a donné la valeur, il peut l'accepter pour payer à ſoy-même, pourvû que ſa creance ſoit liquide, écheuë ou écheante, auſſi-tôt que la Lettre de change ; c'eſt-à-dire, en état de compenſation.

2 Une creance eſt liquide lorſque la quantité eſt certaine.

3 Lorſque la Lettre de change eſt proteſtée par le fait de celuy qui en a donné la valeur, celuy qui la tire n'en eſt pas tenu.

CHAPITRE IX.

Des acceptations ſous proteſt, & ſous proteſt pour mettre à compte vulgairement, dites S. P. & S. P. C.

1 IL arrive ſouvent que celuy ſur qui la Lettre de change eſt tirée ne la veut point accepter & payer,

ou ne veut pas l'accepter pour la
payer, fuivant l'ordre qui luy eſt
donné : Il ne la veut point accepter
du tout, lorſqu'il n'a point des effets
de celuy pour compte de qui elle eſt
tirée, qu'il ne veut point luy faire
credit, ou que s'il a de ſes effets, ou
qu'il veuille bien luy faire credit, il
n'aura pas reçu ſes ordres, & il ne
veut pas fuivre la foy du Tireur.

2 Il ne veut pas l'accepter pour la
payer, fuivant l'ordre contenu dans
la Lettre d'avis du Tireur, lorſqu'il
n'en a point de celuy pour compte de
qui elle eſt tirée, ou qu'il n'a point
de ſes effets, ou qu'il ne veut pas luy
fier ; mais il fieroit bien au Tireur.

3 Pour donner plus de jour à ces
propoſitions, il eſt à propos d'en faire un exemple. Un particulier de
Lyon a tiré une Lettre de change à
un autre de Paris de l'ordre, & pour le
compte d'un Marchand de Bordeaux;
celuy de Paris n'a point d'ordre de
celuy de Bordeaux, ou s'il a ordre,
il n'a pas de ſes effets, & il ne veut
point luy fier ſon bien ; ce qui donne
lieu à un proteſt de la Lettre de chan-

ge , qui produiroit des préjudices considerables au Tireur, à celuy qui en a donné la valeur , & à ceux qui ont mis des ordres, soit pour leur reputation , soit pour les dommages & interêts.

4 Pour empêcher ces préjudices, l'on a introduit les acceptations sous protest, qui peuvent être faites par toutes personnes, soit celuy sur qui elle est tirée, soit le Porteur , soit tierces personnes qui n'ont aucun interêt dans la chose.

5 La maniere de le faire est : *Primò*, Que dans le protest il soit mis à peu près ce qui s'ensuit ; si c'est celuy sur qui la Lettre de change est tirée qui l'accepte, lequel a fait réponse que faute de provision , ou d'ordre de celuy pour compte de qui ladite Lettre de change est tirée , il ne peut l'accepter purement & simplement ; mais il l'accepte sous protest pour honneur du Tireur, ou de celuy qui en a donné la valeur, ou de celuy qui a mis l'ordre. *Secundò*, Il écrit sur la Lettre de change acceptée S. P. à Paris ce de 1679.

6 Que si c'est le Porteur qui l'accepte sous protest, il faut que dans le protest aprês la forme ordinaire l'on mette. Et ledit tel a accepté ladite Lettre sous protest, pour se la payer pour honneur du Tireur, ou de celuy qui en a donné la valeur, ou de celuy qui a mis des ordres.

7 Que si c'est un tiers, aprês toutes les clauses du protest, l'on met; & est comparu un tel, lequel a déclaré que pour faire honneur à Tireur, ou bien qui a donné la valeur, ou qui a mis son ordre sur ladite Lettre de change, il l'accepte sous protest.

8 Tel est l'usage universellement pratiqué par tout, & il ne faut pas croire que l'article 5. du titre 5. de l'Edit du commerce du mois de Mars 1673. y ait apporté aucun changement, & qu'il ait privé celuy sur qui la Lettre de change est tirée de la faculté de l'accepter sous protest, en disant, en cas de protest de la Lettre de change, elle pourra être acquitée par tout autre, que celuy sur qui elle aura été tirée; car cela doit être en-

rendu, s'il ne l'accepte pas luy-même
sous protest, puisque c'est une maxime dans le commerce, que celuy sur
qui une Lettre de change est tirée,
peut sans s'arréter à l'ordre porté par
la Lettre d'avis, la payer sous protest, & retenir le Tireur obligé *f.*

9 Et parce que les negocians ai-
ment la briéveté, ils ont accoûtumé
d'écrire, accepté S. P. signifiant par
les lettres initiales S. sous P. protest.

10 Celuy qui a payé une Lettre de
change sous protest fait utilement les
affaires de ceux qui y sont obligez;
il a non seulement une action contre celuy pour l'honneur de qui il l'a
payée *t* : mais contre tous ceux qui
se trouvent obligez à celuy pour

---

f Recipiens Litteras cambii, & mandatum de solvendo
potest non observato ordine, solvere summam honore litterarum super protestu, & retinere obligatum scribentem
à quo exigere potest, nulla facta notitia de ordine non ac-
ceptato. *Rota Genuens. decis. 23. Scaccia §. 2. Glossa. s.
num. 338.*

t Conclusio in jure est vera quod quis potest solvere pro
aliquo obligato, & solvendo, & per solutionem liberan-
do eum, acquirit contra eum actionem negociorum gesto-
rum. *L. solvendo ff. de negot. gestis.* Et in terminis est sti-
lus & consuetudo, quod unusquisque potest Litteras cambii solvere, etiam ei non directas, &c. *Rota Genuens. decis. 6. num. 7.*

l'honneur de qui il paye, ſoit pour
avoir donné la valeur, ou mis des ordres, s'il paye pour honneur de celuy qui a mis le dernier ordre ; ce qui
ſe doit entendre pour la garantie,
mais non pas pour tirer ſur quelle
place il luy plaira, ainſi que peut faire le Porteur, quand la Lettre eſt purement proteſtée : car celuy qui a
payée ſous proteſt eſt obligé de le
faire ſçavoir au plûtôt à celuy pour
l'honneur de qui il paye, & il ne peut
tirer ᵘ, que à luy, ou faute d'occa-

ᵘ Declara ſecundo ut ſolvens ſupra proteſtum, ideo
volens retinere obligatum eum, qui ſcripſit litteras, debeat ultra prædicta, ıu præcedenti prima declaratione,
mittere debitum ; id eſt facere ſolito tempore tractam ejuſ-
dem ſummæ, quam ipſe ſolvit ad eumdem locum in eumdem qui ſibi traxit, &c. Salvo impedimento, & ſalvo caſu,
quo ordo eſſet aliter datus, & ſalvo etiam caſu, quo in eo lo.
co unde tracta proceſſit non eſſet ſolitum Cambiri, vel tunc
non reperiretur, qui vellet Cambio dare, &c. Quod fundatur
in diſpoſitione Juris communis : nam ſolvens Litteras
ſupra proteſtum, ſupponit ſe gerere utile negotium illius,
qui ſcripſit Litteras, *ut dixi ſuprà num. 364. & 365.* Sed
hoc ſuppoſitum eſt falſum, quando ex iſta ſolutione in
tempore non notificata ſaltem per viam reflexæ tractæ poteſt ei imminere periculum, ut interim ejus debitor, quem
voluit delegare, & ignorat non eſſe acceptatum, decoquat
ut in caſu, de quo. *Rota Genuenſ. dec. 6. & deciſ. 23.* Vel
quando facit tractam in alium locum, in quo debitori gra-
vior eſt ſolutio, qui à his caſibus non gerit utiliter negotium. *Scaccia §. 2. Gloſſa 5. num. 388.*

fion pour ce lieu-là , au plus prochain , pour où il trouve occafion ;
& la raifon eft que celuy qui fait les
affaires d'autruy doit les faire le plus
utilement qu'il fe peut. Or ce ne feroit pas les faire utilement , que de
differer à l'avertir de ce qui fe paffe,
parce que dans le delay celuy contre
qui il pourroit exercer fa garantie
venant à faillir , on le priveroit de
la faculté de l'exercer ; & fi l'on faifoit rouler le rembourfement fur les
places éloignées , l'on le furcharge-
roit de frais, & l'on rendroit l'aquit
plus difficile, ce qui feroit contre toute forte de juftice.

. 11 Il n'eft pas toûjours vray que
celuy qui paye une Lettre de change fous proteft demeure fubrogé en
tous les droits du Porteur, ainfi que
porte l'article 3. du titre 5. de l'Edit
de commerce : car il eft impoffible que
celuy qui paye fous proteft pour honneur du Tireur , & qui par confequent le libere des actions, que ceux
qui ont mis des ordres & celuy qui a
donné la valeur auroient contre luy,
pour la garantie de la Lettre de chan-

ge, acquiere des droits & des actions
contre ces gens-là , & la difpofition
de cet article ne peut avoir lieu que
lorfque l'on paye pour honneur de
celuy qui a mis le dernier ordre contre lequel l'on a action pour avoir
payé pour luy, & contre tous les autres qui luy font obligez , foit pour
avoir mis des ordres precedens , foit
pour avoir payé la valeur , ou pour
avoir tiré la Lettre de change.

12 Lorfque celuy fur qui la Lettre
de change eft tirée pour compte de
quelque particulier pour lequel il ne
veut pas la payer, à des effets du Tireur à qui il veut faire honneur, il
l'accepte fous proteft pour mettre à
compte, que l'on écrit par la briéveté ordinaire contre les negocians S.
P. C. c'eft-à-dire , qu'il ne tirera pas
pour rembourfement ; mais qu'il fe
contente de mettre le payement à
compte du Tireur.

13 L'on voit quelquefois que celuy fur qui une Lettre de change eft
tirée met fon acceptation en ces termes : Acceptée libre ou fous proteft,
ce qui arrive en deux cas. Le premier,

mier, lorſque la Lettre de change luy eſt tirée pour le compte d'un particulier, qui luy fait eſperer de luy remettre le fonds, pour la payer avant l'écheance ; & par cette acceptation il déclare que s'il reçoit ce fonds promis il payera la Lettre de change librement, & s'il ne la reçoit pas, il veut avoir le Tireur pour obligé. Le ſecond cas eſt lorſqu'il a du fonds de celuy pour compte de qui la Lettre de change eſt tirée ; mais qu'il n'a pas reçu ſon ordre, & dans l'incertitude s'il le recevra, il accepte en cette forme pour marque que s'il le reçoit il accepte la Lettre librement, & s'il ne le reçoit pas, il l'accepte ſous proteſt pour honneur du Tireur.

14 Comme la faculté d'accepter ſous proteſt, une Lettre de change appartient à toutes ſortes de perſonnes, ainſi qu'il a été expliqué cy-deſſus, que l'on peut reduire à trois ; celuy ſur qui elle eſt tirée, le Porteur, & toute autre tierce perſonne. Il faut ſçavoir ſi concourans tous à vouloir accepter & payer ſous proteſt

H

une Lettre de change, qui doit être preferé.

15 Premierement, si quelqu'un a ordre de celuy pour compte de qui elle est tirée, ou du Tireur de le faire, il doit être preferé, parce que celuy pour compte de qui elle est tirée, est le maître de se faire liberer par qui il luy plaît.

16 Secondement, si quelqu'un a ordre du Tireur, il doit être preferé aux autres.

17 Troisiémement, si celuy sur qui la Lettre de change est tirée l'accepte libre ou sous protest, il doit être preferé par l'esperance de la payer librement, & même s'il l'accepte pour mettre à compte; parce qu'en épargnant au Tireur les frais du retour, il fait ses affaires plus utilement.

18 Quatriémement, s'il ne veut accepter que sous protest pour honneur du Tireur, & que celuy qui en est Porteur veuïlle pareillement l'accepter sous protest pour l'honneur du Tireur, le Porteur est preferé; & après luy celuy sur qui elle est tirée,

& enfuite toute tierce perfonne x.

19 Cinquiémement, celuy qui veut accepter fous proteft pour honneur du Tireur, doit être preferé à ceux qui veulent accepter pour honneur de ceux qui ont mis des ordres.

20 Enfin celuy qui veut accepter fous proteft pour honneur de celuy qui a mis un premier ordre, doit être preferé à celuy qui veut accepter fous proteft pour honneur de ceux qui ont mis des ordres pofterieurs ; & la raifon de cela eft, qu'il faut preferer ceux qui éteignent le plus d'obligations.

21 Quoi-qu'en payant fous proteft une Lettre de change l'on libere celuy pour l'honneur de qui l'on l'a payée, & qu'en droit en payant l'on libere un debiteur malgré luy ; neanmoins l'on ne peut pas payer une Lettre de change fous proteft, quand

x Declara tertio ut facultas folvendi fupra proteftum competat gradatim, hoc ordine. Primo competit illi, qui vult folvere libere, quifque ille fit, hic enim præfertur omnibus volentibus folvere fupra proteftum Secundò competit illi, qui debet Cambium recipere. Tertiò vero loco competit illi cui facta eft tracta. *Scaccia* §. 2. *Gloffa* 5. *num.* 389.

celuy pour l'honneur de qui l'on veut
la payer en a fait fignifier des défenfes, que fi l'on le faifoit l'on n'aque-
reroit aucune action contre luy y.

22 Lorfque la banqueroute du Tireur eft publiquement connuë, il n'eft
plus permis d'accepter ², ni librement, ni fous proteft aucune de fes
Lettres; & il en eft de même d'accepter fous proteft, pour honneur de
celuy qui a donné la valeur, ou mis
des ordres après la faillite publiquement connuë , parce que ce feroit
donner lieu à favorifer le Porteur &

y Secundò quifque pro alio licet invito & ignorante liberat eum. *L. 39. ff de neg. geft.* Declara quartò ut nemo
poffit facere folutionem fuper proteftu honore Litterarum,
quandò aliquis mercator habens ad hoc fpeciale mandatum intimaffet , & proteftatus effet, ne quis Litteras talis
tractæ folveret fuper proteftu ; nam tertius poteft folvere,
ignorante & invito debitore , quando debitor non eft præ-
fens , & non prohibet ; fed fi adfit , & prohibeat malè ifte
tertius folvit , & ob id nulla ei acquiritur actio contra ipfum debitorem. *Scaccia num. 390.*

z Declara quintò ut poft habitam notitiam , feu pu-
blicam vocem, & famam de decoctione trahentis debitum,
nemo poffit illam , tractam acceptare nec libere , nec fuper
proteftu. *Scaccia num. 391.*

Qui verò poft bona poffeffa debitum fuum recipit hunc
in portionem vocandum , exæquandumque cæteris creditoribus : neque enim debuit præripere cæteris poft bona
poffeffa, cum jam par conditio omnium creditorum facta
effet. *L. 6. §. 7. ff. quæ in fraudem credit.*

ceux qui luy seroient obligez en fraude des creanciers ; ce qu'étant ils pourroient faire revoquer tout ce qui auroit été fait à leur préjudice.

Ce Chapitre fournit six Maximes.

MAXIMES.

1. Comme c'est faire utilement les affaires de tous les obligez à la Lettre de change, que de l'accepter sous protest, toutes les personnes ; sçavoir, le Porteur, celuy sur qui elle est tirée, & toute tierce personne le peuvent faire.

2 Celuy qui paye une Lettre de change sous protest a une action contre celuy pour l'honneur de qui il paye, & contre tous ses auteurs.

3 Celuy qui paye une Lettre de change sous protest est obligé d'en avertir au plûtôt celuy pour l'honneur de qui il paye, & ne peut tirer sur d'autres places qu'à défaut d'occasions ; & en ce cas il doit tirer sur la plus prochaine.

4 En concurrence de personnes qui veulent accepter une Lettre de

change fous proteft, l'on prefere:
Primò, Celuy qui a ordre de la perfonne pour compte de qui la Lettre de
change eft tirée. 2°, Celuy qui a ordre
du Tireur. *Tertiò*, Celuy fur qui la
Lettre de change eft tirée, s'il l'accepte libre ou fous proteft, ou pour
mettre à compte. *Quartò*, Celuy qui
veut l'accepter pour honneur du Tireur eft preferé à ceux qui ne veulent accepter que pour honneur des
ordres. *Quintò*, En concurrence de
plufieurs qui veulent accepter d'une
même maniere, le Porteur eft preferé, & après celuy fur qui elle eft tirée. *Sextò*, Celuy qui accepte fous
proteft pour honneur d'un premier
ordre, eft preferé à celuy qui n'accepte fous proteft que pour honneur
d'un ordre pofterieur.

5 L'on ne peut accepter une Lettre
de change fous proteft pour honneur
de quelqu'un, s'il y a défenfes de le
faire.

6 L'on ne peut accepter ni fous
proteft, ni librement pour compte de
quelqu'un, lorfque la faillite eft publique.

CHAPITRE X.

Si celuy qui accepte une Lettre de change peut se retracter.

1 COMME l'acceptation est un engagement de payer la Lettre de change, il s'agit de sçavoir si celuy qui l'a acceptée peut se retracter, soit pour n'avoir pas reçu le fonds que l'on luy avoit fait esperer, soit parce que le Tireur sera failly, soit parce que le Tireur posterieurement a donné ordre de ne pas payer.

2 La regle generale est que celuy qui a accepté ne peut pas se retracter [a], ni dispenser de payer ; il a pû

---

[a] Quæro xi. an is, qui acceptavit solvere Litteras cambii possit pœnitere, & recusare earum solutionem, præsertim si post transmissas ad se Litteras, is, qui Litteras facit decoxerit. Respondeo quod acceptatis Litteris, non potest illarum solutionem recusare, quamvis debitor decoxerit. *Scaccia* §. 2. *Glossa* 5. *num.* 327.

Qui cum alio contrahit, vel est, vel debet esse non ignarus conditionis ejus. *L.* 19. *ff. de reg. jur.*

Amplia secundo, ut multo magis procedat quando Litteræ cambii essent jam acceptatæ, quia tunc non posset revocari. *Scaccia num.* 449.

H iiij

ne pas s'engager s'il n'avoit pas la provision : mais s'étant engagé par son acceptation, il a suivy la foy du Tireur qu'il devoit connoître.

3 Pour ce qui est du Tireur, il ne peut pas revoquer son ordre de payer les choses n'étant plus en état, comme elles ne le sont plus dês lors que la Lettre de change est acceptée.

4 Cette regle reçoit pourtant une exception, qui est, si une Lettre de change est tirée lors de la faillite prochaine, & envoyée par une voye extraordinaire pour la faire accepter ; ensorte que si elle n'avoit été envoyée que par la voye ordinaire, la faillite du Tireur auroit pû être connuë avant l'acceptation ; en ce cas celuy qui a accepté peut être restitué b & déchargé de son acceptation, parce qu'elle a été surprise par une espece de dol & de tromperie, blâmable par les Loix.

5 Il est arrivé deux cas pour retracter l'acceptation, qui sont assez con-

---

b Quæ dolo malo facta esse dicentur, si de his rebus, alia actio non erit, & justa causa esse videbitur judicium dabo. L. 1. §. 1. ff. de dolo malo.

fiderables pour avoir place dans ce Chapitre.

6. Par un abus paſſé en coûtume à Paris, les Porteurs de Lettre de change, lorſqu'ils les preſentent pour les faire accepter, ſi ceux ſur qui elles ſont tirées ne ſe trouvent pas au logis, ou ne ſont pas de commodité de les accepter ſur le champ, ils les laiſſent entre les mains des domeſtiques de ceux ſur qui elles ſont tirées juſques au lendemain, & quelquefois deux ou trois jours ; c'eſt ce qui a donné lieu aux deux cas ſuivans, parce que dans l'intervalle de temps que les Lettres ſont demeurées chez ceux à qui elles étoient adreſſées, ils ont eu avis de la faillite des Tireurs; & comme ils avoient écrit ſur les Lettres de change, (accepté un tel jour, &c.) & qu'ils avoient entre leurs mains les Lettres de change, ils ont pretendu ſe dégager de leur acceptation ; mais par differens moyens.

7 Le premier a rayé l'acceptation qu'il avoit écrite, ce qui a donné lieu à une conteſtation : Le porteur ſoû-

tenoit que celuy à qui la Lettre de change avoit été adreffée ayant écrit fur la Lettre de change accepté, il n'avoit pas pû rayer cette acceptation ᶜ, & qu'elle devoit l'obliger au payement, comme fi elle n'étoit pas rayée.

Celuy fur qui la Lettre de change étoit tirée difoit que l'engagement de l'acceptation n'étoit que par la délivrance au Porteur ᵈ que jufques alors les chofes étoient entieres, qu'il étoit le maître de fa fignature, qu'il avoit pû rayer & retracter fon acceptation, & de fait il en fut déchargé avec raifon, parce que fi la partie qui a figné un contract chez un Notaire peut rayer fa fignature, tant que l'autre partie au même contract ne l'a pas figné; comme il eft certain, à plus forte raifon, celuy qui ne s'eft point défaifi de fa fignature peut la canceller tant qu'elle eft en fon pouvoir.

8 Le fecond qui a donné lieu à

ᶜ Quod femel placuit amplius difplicere non poteft. *De. Reg. jur. in fexto.*

ᵈ Fallit hæc regula ex caufa fuperveniewti, vel de novo. ad notitiam perveniente. *Gloffa in dicta Reg.*

l'autre cas, ou ne s'avifa pas de rayer
fon acceptation, ou ne crût pas être
fuffifamment en feureté:mais lorfque
le Porteur vint demander la Lettre,
il dit qu'il l'avoit égarée, & que le
Porteur fit venir la feconde.

9 Le Porteur ne fe trouva pas fa-
tisfait de cette conduite, c'eft pourquoy s'étant pourvû par Sentence
confirmée par Arreft, l'on jugea que
la retention de la Lettre de change
produifoit tacitement, & équipoloit
une acceptation [e], en conféquence
dequoy celuy fur qui elle étoit tirée
fut condamné à payer.

L'on peut tirer quatre Maximes de
ce Chapitre.

MAXIMES.

1 L'Acceptant ne peut pas fe retracter & doit payer, quoi-qu'il arrive, lorfqu'il a délivré fon acceptation au Porteur, qui eft dans la bonne foy, & fes auteurs auffi.

2 Lorfque l'acceptation d'une Let-

---

e Acceptatio fit tacitè per receptionem & retentionem
Litterarum. *Scaccia* §. 2. *Gloffa* s. num. 335.

tre de change a été furprife, l'Acceptant peut s'en faire décharger.

3 Tant que l'Acceptant eft maître
de fa fignature, c'eft-à-dire, qu'il
n'a pas délivré la Lettre de change,
il peut rayer fon acceptation : mais
après la délivrance, quand même elle
reviendroit entre fes mains, il ne
peut rayer fon acceptation.

4 Lorfque celuy fur qui la Lettre
de change eft tirée la retient, fous
pretexte de l'avoir égarée ou autrement. Cette retention vaut acceptation.

CHAPITRE XI.

Si le Tireur eft liberé lorfque la Lettre de
change eft acceptée.

1 LA faillite de l'Acceptant a
donné lieu à cette queftion,
parce que fi le Tireur eft liberé par
l'acceptation, cette faillite eft au peril & rifque du Porteur ; que fi le Tireur n'eft pas liberé par l'acceptation, elle eft à fes perils, rifques &
fortunes.

2 Ceux qui ont été de fentiment que le Tireur étoit liberé par l'acceptation, foûtenoient que le Porteur tirant promeffe du payement de celuy à qui elle étoit adreffée par fon acceptation, faifoit une novation qui f refolvoit la premiere obligation du Tireur.

3 Mais l'opinion contraire que le Tireur n'eft pas liberé par l'acceptation g de celuy fur qui la Lettre de change eft tirée, & qu'il eft obligé jufques au payement actuel a prévalu ; car il a été jugé ainfi dans les plus celebres Tribunaux.

4 Et la raifon h de cette jurifpru-

f Si campfor abfque delegatione promittat per hæc verba, promitto tibi loco Titii; Titius erit liberatus, quia qui eligit unum debitorem pro alio novare videtur. *Scaccia* §. 2. *Gloffa* 6. *num.* 245.

g Quæro. X. Numquid debitor Cambii fit liberatus eo ipfo quod ille, cui mittuntur Litteræ folvendæ, acceptet illas Litteras. Refpondeo debitorem qui Litteras fecit non effe liberatum, &c. Nifi ipfæ Litteræ fint realiter folutæ, &c. *Scaccia num.* 322. *Rota Genuenf. decif.* 1. *num.* 6. 21. 38. *decif.* 2. *decif.* 4. *num.* 7. *decif.* 8. *num.* 17. 18. 19.

h Ratio meo judicio quare debitor Cambii qui fcripfit Litteras, remaneat adhuc obligatus eft, quia illa acceptatio non eft novus contractus inter ipfum acceptantem & creditorem, cui facienda eft folutio ; fed eft pars contractus Litterarum cambii : neque creditor acquiefcit acce-

dence eſt, que cette acceptation n'eſt
pas un nouveau contract entre l'Acceptant & le Porteur à qui le payement en doit être fait ; mais que c'eſt
une partie du premier contract de la
Lettre de change : car le Porteur ne
reçoit cette acceptation qu'avec cette
condition, que le payement s'en enſui-
vra ; d'où il s'enſuit que le Porteur
ne ſuivant pas abſolument la foy de
l'acceptation de la Lettre, le Tireur
premier debiteur n'eſt point liberé.

5 Ce n'eſt pas que ſi le Porteur
étoit negligent i à faire ſon devoir à
l'écheance, ou qu'il eut accordé quelque delay à l'Acceptant, pour lors,
en cas de faillite de l'Acceptant le
Tireur pourroit être liberé, comme
il ſera expliqué cy-après dans le
Chapitre des diligences que le Por-

ptatiòni , niſi quatenùs ſequatur ſolutio de còntanti, unde
cum creditor non habeat fidem de pretio Litterarum acce-
ptatarum non liberat ſuum debitorem. *Scaccia num. 323.*

i Reſtringe eamdem reſponſionem, & ejus extenſionem,
ut non procedant ſi creditor Cambii acceptatis Litteris ab
illo, cui directæ ſunt, fecerit illi aliquam dilationem,
ſeu negligens fuerit in illis exigendis, quia in iſto caſu, ſi
durante illa dilatione, ſeu negligentia ille mandatarius decoxerit, damnum erit ipſius, qui dilationem fecit ; & is
qui Litteras ſcripſit erit liberatus. *Scaccia num. 325.*

teur eſt obligé de faire.

Il faut tirer deux Maximes de ce Chapitre.

MAXIMES.

1 Le Tireur n'eſt pas liberé par l'acceptation de la Lettre de change ; car il demeure obligé juſques à ce qu'elle ſoit réellement & effectivement payée.

2 Si le Porteur neglige à l'écheance de faire ſes diligences ; ou s'il accorde quelque delay à l'Acceptant, le Tireur n'en doit pas ſouffrir.

CHAPITRE XII.

Si celuy qui a accepté une Lettre de change peut la payer avant l'écheance malgré le Porteur.

1 CETTE queſtion ne ſe trouve pas traittée par aucun de ceux qui ont écrit des Changes, quoi-que les differens rabais des monnoyes ayent ſouvent donné lieu de l'agiter, ſi-bien qu'il eſt neceſſai-

re de la traiter par les principes.

2 Avant qu'entrer en la queſtion, il faut obſerver que les Lettres de change qui ſont faites en païs étrangers pour être payées en France, & qui ſont conçuës en écus, ou dont le prix eſt en écus, ces écus par un uſage ordinaire ſont toûjours de trois livres; ſoit que l'écu ou Loüis d'argent augmente, comme lorſqu'il a été à 3. liv. 4. ſols; ou diminuë, comme lorſqu'il a été à 58. ſols, d'où il s'enſuit que celuy qui ſeroit Porteur d'une Lettre de change faite en écus, ne pourroit pretendre être payé en Loüis d'argent, lorſqu'ils valent trois livres quatre ſols, & celuy qui l'a acceptée ne ſeroit pas bien fondé à pretendre ne donner qu'autant de Loüis d'argent, lorſqu'ils ſont à cinquante-huit ſols. Mais il faut évaluer les écus à trois livres, à moins que la Lettre de change ne porte autrement.

3 Venant maintenant à la queſtion, ceux qui ſont d'opinion que l'Acceptant peut payer la Lettre de change avant l'écheance ſe fondent ſur le §. 16. de la Loy 38. au digeſte

de

de verborum obligationibus [1], où Ulpien dit, qu'il y a de la difference entre un jour incertain ou certain, & que cela paroît en ce que ce qui eſt promis à un certain jour peut être donné d'abord, parce que tout le temps intermediaire pour payer eſt en la liberté du Debiteur : mais celuy qui a promis ſi quelque choſe ſe fera, ou lorſque quelque choſe ſera faite, s'il donne avant que la choſe ſoit faite, il ne fait pas veritablement ce qu'il a promis.

4 Ils ſe fondent encore ſur la Loy 70. au digeſte *de ſolutionibus* [m], dans laquelle le Juriſconſulte Celſus dit, que ce qui eſt promis à un jour certain peut être donné d'abord, parce que tout le temps pour payer eſt libre au Debiteur.

---

l Inter incertam, certamque diem diſcrimen eſſe, ex eo quoque apparet, quod certa die promiſſum vel ſtatim dari poteſt : totum enim medium tempus ad ſolvendum liberum promiſſori relinquitur. Et qui promiſit, ſi aliquid factum ſit, vel cum aliquid factum ſit, niſi cum id factum fuerit, dederit : non videbitur feciſſe quod promiſit. *L. 38. §. 16. ff. de verb. oblig.*

m Quod certa die promiſſum eſt, vel ſtatim dari poteſt ; totum enim medium tempus, ad ſolvendum promiſſori liberum relinqui intelligitur. *L. 70. ff. de ſolut.*

I

5 Ceux qui font d'opinion que l'on ne peut pas contraindre le Porteur de la Lettre de change avant le temps, fe fondent fur la Loy 122. ⁿ au digefte *de verborum obligationibus*, de laquelle les Docteurs tirent cette maxime, que le Debiteur ne peut pas fe liberer par des offres qu'il fait en un lieu ou en un temps qui n'eft pas propre au creancier.

6 Pour fe refoudre fur ces differentes opinions, & concilier ces Loix qui paroiffent contraires, il faut fuivre le fentiment de Barhole fur cette Loy 122. ᵒ & de Monfieur le Prefident Faber dans fon Code, *Lib. 8. tit. 3. defin. 14.* qui difent que fi le temps

---

n Hujufmodi oblatio debitori non prodeft, offert enim in congruo loco & tempore. *Gottofred. in L. 122. ff. de verb. oblig.*

o Si tempus adjicitur gratia creditoris, vel utriufque non poteft folvi ante tempus. *Bart. in L. 122. ff. de verb. oblig.*

Quod in diem debetur, non femper ante diem folvi poteft, licet dici foleat plus præftare debitorem, quam debeat, cum folutum repræfentat: quid enim fi dies adjecta fit in favorem creditoris, non debitoris, five ex teftamento, five ex contractu, aut qua alia jufta caufa debeatur, utique dies expectanda eft, ne quicquam de creditoris jure minuatur; ita Senatus in ea caufa, &c. *Faber Cod. lib. 8. tit. 30. defin. 14.*

a été mis en faveur du Creancier,
ou de tous les deux, le Debiteur ne
peut pas payer avant le temps, qu'il
faut attendre l'écheance pour ne diminuer en rien du droit du creancier.

7 Appliquant cette maxime au
cas des Lettres de change, dont le
contract étant pour l'utilité reciproque des deux Contractans, ainsi que
nous avons montré au Chapitre cinquiéme : Toutes les conditions du
temps & du lieu sont en faveur des
deux, ainsi le Porteur, qui est aux
droits de celuy qui en a donné la valeur, comme nous avons étably au
Chapitre huitiéme, ne peut pas être
contraint de recevoir avant le temps
porté par la Lettre.

8 Aussi Monsieur Cujas expliquant
le §. 16. de la Loy 38. au digeste *de
verborum obligationibus* p, après avoir

---

p Totumque desumptum est excelsi, lib. 26. digesto-
rum. Prima pars ex L. quod certa infr. de solut. Secunda
ex L. qui promisit sup. de condit. ind ex prima parte notandum id quod certa die promissum est ante diem dari,
& repræsentari. L. continuus §. cum ista infra hoc titul.
Atque ideo solutum non repetitur, quia certum est deberi.
L. in diem sup. de cond. ind. ex secunda notandum id,

montré qu'il eſt compoſé des Loix
70. au digeſte *de ſolutionibus*, & 48.
au digeſte *de conditione indebit.* dit que
cette difference de jour certain ou
incertain, n'eſt que pour la repeti-
tion de la ſomme payée, comme non
deuë, que l'on appelle *condictio indebi-*
ti ; mais nullement pour pouvoir contraindre le creancier à recevoir avant
le temps, quoi-qu'il n'approuve pas
l'exception, ſi le jour eſt appoſé en
faveur du creancier.

9 Mais auſſi d'abord que la Lettre
eſt écheuë, quoi-que le Porteur ne
ſoit obligé d'en exiger le payement,
ou faire faire le proteſt que dans les
dix jours, neanmoins il peut être

quod die incerta promiſſum eſt : veluti ſi navis ex Aſia
venerit, ante diem non ſolvi recte, & ideo condicitur,
quia debitum iri non eſt certum, *L. qui promiſſit, L. ſuf-*
ficit ſi. p. de cond. ind.
Pertinet igitur hæc differentia inter diem certam & incertam ad conditionem indebiti, quod ſi quæratur an invito creditori ante diem ſolvi poſſit, non diſtinguam inter
diem certam & incertam ; ſed dicam generaliter invito
ante diem non ſolvi, nec moram facere debitorem, qui
ante diem oblato debito id recuſat accipere, &c. Ante diem
igitur certam vel incertam non ſolvitur niſi volenti. Male
Accurſius utitur hac exceptione, niſi dies adjectus ſit ſti-
pulatoris gratia, &c. *Cujac. in L. 38. §. inter incertam*
ff. de verb. oblig.

contraint à le recevoir, parce que
s'il a la liberté de faire ou ne pas faire ses diligences, l'Acceptant a celle
de se liberer dès lors qu'il peut être
contraint.

10 Si le Porteur de la Lettre de
change ne paroît pas à l'écheance,
comme il arrive quelquefois lorsque
la Lettre de change est payable à
l'ordre de celuy qui en a donné la
valeur, lequel a envoyé la première
pour faire accepter, & que la seconde a été negociée avec plusieurs,
comme il a été expliqué au Chapitre sixiéme, ou si le Porteur refusoit
de recevoir, pour lors l'Acceptant
pourroit par la permission du Juge
consigner q la somme contenuë dans
la Lettre de change, & le dommage
de la diminution des monnoyes seroit aux perils & risques du Porteur,
ainsi qu'il s'est toûjours pratiqué.

11 Cette consignation se fait ordinairement par la réprésentation de
la somme en deniers pardevant le
Juge, qui en fait cacheter les sacs

q. Obsignatione totius debitæ pecuniæ solemniter factâ
liberationem contingere manifestum est. L. 9. C. de solut.

du fceau de fa Jurifdiction, & en
établit le Confignant dépofitaire.

12 Mais il eft bon de faire fi-bien
cacheter les facs qu'ils ne puiffent
être ouverts, parce que la confignation pourroit être déclarée mal faite, & le Confignant r décheu de l'effet qu'il en auroit efperé, comme il
eft arrivé à quelques Negocians de
la ville de Lyon, Debiteurs de feu
Monfieur le Marquis d'Alegre, lefquels ayans configné les fommes par
eux dûës en la maniere cy-deffus, &
les facs n'ayans pas été fuffifamment
cachetez fur les coûtures; quelques-
uns ouvrirent les facs par ces endroits, en tirerent l'argent, dont ils
fe fervirent comme bon leur fembla;
& lorfqu'il fut queftion de rendre
l'argent, ils le remirent comme fi de
rien n'étoit: mais cela fut reconnu,
parce qu'il fe trouva dans ces facs
des Loüis d'argent d'un millefime pof-

r Si facculum, vel argentum fignatum depofuero, &
is penes quem depofitum fuit me invito contrectaverit,&
depofiti & furti actio mihi competit. §. 1. Si ex permiffu
meo depofitâ pecuniâ is penes, quem depofita eft utatur,
ut in cæteris bonæ fidei judiciis, ufuras ejus nomine præftare mihi cogitur. L. 29. ff. depofiti.

terieur à la confignation ; & par Arreſt du   ils furent condamnez à payer la ſomme avec les
interêts, ſans avoir aucun égard à la
confignation.

Il faut recueillir deux Maximes
de ce Chapitre.

MAXIMES.

1 Celuy ſur qui la Lettre de change eſt tirée, ou qui l'a acceptée, ne
peut pas obliger le Porteur d'en recevoir le payement avant l'écheance.

2 Dês lors que l'Acceptant peut
être contraint, il peut obliger le
Porteur à recevoir, nonobſtant le
delay que l'uſage ou les Reglemens
luy accordent pour faire ſes diligences.

CHAPITRE XIII.

*De la qualité pour demander le payement
d'une Lettre de change.*

1 LA qualité eſt neceſſaire à l'é-
gard du Porteur pour exiger

le payement ; & à l'égard de l'Accepteur pour la validité de sa décharge.

2 A l'égard du Porteur, il ne suffit pas d'être saisi d'une Lettre de
change pour en exiger le payement,
il faut qu'il ait un titre valable, sans
quoy il n'a aucun droit de le demander.

3 Cette qualité a plus ou moins
d'étenduë , suivant les differentes
places : car la regle generale est qu'il
suffit pour être Porteur legitime d'u-
ne Lettre de change , qu'elle nous
soit payable ou par le texte de la
Lettre, ou par ordre de celuy à qui
elle est payable , ou successivement
de ceux au profit de qui les ordres
precedens ont été mis , ou que nous
ayons transport de celuy à qui elle
est payable , soit par le texte ou par
procuration : & même il n'est pas necessaire que ces ordres soient sur la
même Lettre qui est acceptée ; car si
c'est la premiere qui est acceptée, les
ordres peuvent être sur la seconde ;
ou au contraire , parce que la premiere & la seconde ne sont faites

que pour un même effet.

4 La raiſon pourquoy il faut qu'u-
ne Lettre de change ſoit payable à
celuy qui en eſt ſaiſi, ou par le texte, ou par ordre, ou par tranſport,
ou qu'il ait une procuration, eſt fondée ſur ce que celuy qui en a donné
la valeur, qui eſt le veritable Proprietaire, ayant mis en ſon lieu &
place celuy à qui elle eſt payable,
l'on ne peut en exiger ſ le payement
ſans la volonté de ce dernier, ou de
celuy qui a ſes droits.

5 Il eſt arrivé un differend aſſez
celebre dans cette theſe, qu'il eſt
bon de rapporter pour donner plus
de jour à ce que nous avons dit.

6 Jacob Vas, autrement appellé
Simon Martin' d'Ambourg, tira une
Lettre de change de 3000 livres le
$\frac{20 \text{ vieux ſtyle}}{30 \text{ nouveau ſtyle}}$ Octobre 1677. ſur Philippes
Martin de Paris, payable à quatre
uſances & demie, à l'ordre de Ber-
nard Guiſe Marchand de la ville de
Hambourg pour la valeur recuë de
luy ; cette Lettre de change fut en-

ſ Quod autem alicui debetur alius, ſine voluntate ejus
non poteſt jure exigere. L. 39. ff. de negot. geſt.

voyée à Paris à Henry Barchaux par
Manuel Martin pour la faire accepter, elle fut acceptée, & enfuite
renvoyée à ce Bernard Guife, à l'ordre de qui elle étoit payable. Ce Bernard Guife, qui n'en avoit pas donné la valeur & n'en pretendoit rien
la renvoya à Barchaux, ayant reçu
une feconde fois cette Lettre de change, & pretendant être Creancier de
Manuel Martin, qui la luy avoit envoyée la premiere fois, s'avifa pour
exiger le payement d'y faire mettre
par un inconnu un ordre en fa faveur
au nom de Bernard Guife, à qui elle
paroiffoit appartenir, & enfuite il fit
affigner Philippes Martin aux Confuls, pour être condamné à luy payer
cette Lettre de change, en confequence de fon acceptation.

7 Philippes Martin, qui avoit été
éclairci de tout ce fait, qui ne devoit rien à Jacob Vas, autrement appellé Simon Martin, & qui voyoit
que cette Lettre de change ne luy
avoit été tirée que pour donner lieu
au Tireur d'abufer de fa facilité pour
cette fomme, foûtint que l'ordre étoit

faux, que ce n'étoit point la signature de Bernard Guise, que Bernard
Guise n'avoit point donné la valeur
& ne pretendoit rien en la Lettre de
change, & qu'ainsi elle appartenoit
au Tireur & étoit caducque ; mais
nonobstant ces raisons, il fut condamné à la payer par Sentence des
Juges Consuls de Paris du 23. Mars
1678. ce qui l'obligea d'en interjet-
ter appel.

8 Barchaux en cause d'appel pro-
duisit un consentement dudit Bernard Guise & deux declarations, l'u-
ne du Tireur, que Manuel Martin
luy avoit fourny la valeur de cette
Lettre de change, & l'autre de Manuel Martin conforme à cela : & sur
ces pieces, il ne dénioit pas qu'il eût
fait mettre l'ordre par un inconnu ;
mais soûtenoit qu'il avoit pû faire
mettre l'ordre au nom de Bernard
Guise par le premier venu, & avoit
pour luy le sentiment de quelques negocians de reputation.

9 Mais la plus grande & plus saine
partie des negocians étoient d'avis
contraire, & que la proposition que

l'on peut figner le nom d'un autre
n'étoit pas recevable t , que ce feroit
admettre la fauffeté dans le commerce, & en renverfer la feureté , que
l'ufage étoit qu'une Lettre de change
qui n'eft point endoffée par celuy au
profit de qui elle eft tirée , ne peut
point être payée qu'à luy-même ; &
s'il ne la veut pas recevoir ou donner fon ordre , parce qu'il n'a pas
fourny la valeur au Tireur, elle devient caducque ; que le confentement
de Bernard Guife étoit incapable de
donner aucun droit , puifqu'il n'en
avoit point par fon propre aveu, ny
rendre vray un ordre qui eft faux
dans fon commencement u, en vertu
duquel Barchaux ne pouvoit acque-
rir aucun droit ; que la declaration du
Tireur étoit de mauvaife foy, & contraire à ce qu'il avoit déclaré dans la
Lettre, que celle de Manuel Martin
ne pouvoit être confiderée , parce

t Quid fit falfum quæritur & videtur , id effe fi quis
alienum chirographum imitetur. L. 23. ff. ad L. Cor. de
falf.

u Ex initio falfi commiffi jufta poffeffio non paratur.
L. 18. Cod. ad L. Corn. de falfis.

que ce feroit être témoin en fa propre caufe.

10 Et fur toutes ces raifons eft in-
tervenu Arreſt en la premiere des
Enqueſtes, au Rapport de Monfieur
Amproux le 18. Juillet 1679. au pro-
fit de Philippes Martin, par lequel la
Sentence des Confuls a été infirmée.

11 La regle generale que nous a-
vons propofée, qu'il falloit que la
Lettre de change fut payable par le
texte, par ordre, ou par tranſport,
ou avoir la procuration de celuy à
qui elle eſt payable, pour en exiger
le payement a une exception, qui eſt,
lorſque celuy à qui elle eſt payable
eſt failly à fes creanciers, les Deputez
de fes creanciers, ou celuy pour compte de qui elle a été remife, peuvent
par l'autorité du Juge obtenir le pouvoir de l'exiger.

12 Elle a une reſtriction pour quelques Villes particulieres, comme Venife, Florence, Nouë, Bolfan, ou par
des Reglemens qui ont force Loix;
il eſt défendu de payer les Lettres de
change en vertu des ordres : mais il
faut qu'elles foient payables à droi-

ture à ceux qui les doivent exiger,
ou bien que ceux à qui elles font
payables envoyent une procuration
conçuë en certaine forme precife,
fans quoy l'on ne fçauroit en exiger
le payement, ny en faire faire un
proteft valable, parce qu'il ne feroit
pas fait par la faute du Tireur ny de
l'Acceptant ; mais par un empêche-
ment de la Loy du païs où la Lettre
de change doit être payée, à laquelle le Porteur ne peut pas refufer de
fe foûmettre, & même les Reglemens
de ces places font défenfes aux Notaires & Miniftres de Juftice de faire
aucun proteft des Lettres qui ne feront pas payables par le texte, ou en
vertu de procuration, fuivant la forme prefcrite ; c'eft pourquoy ceux
qui prennent des Lettres de change
doivent être informez des Loix & des
ufages des lieux, pour éviter les inconveniens.

13 Tout ce que deffus regarde le
pouvoir d'exiger ; mais il faut ajoûter encore une confideration pour la
validité de la décharge de celuy qui
paye : c'eft qu'il doit connoître celuy

à qui il paye ˣ être veritablement celuy à qui la Lettre de change est
payable, soit à droiture ou par ordre,
& que l'ordre est bien veritable : car
s'il payoit sur un faux ordre, ou à
quelqu'un qui prît faussement le nom
de celuy qui est mentionné dans l'ordre, il payeroit mal, & seroit obligé
de payer une seconde fois au veritable Porteur de la Lettre de change, ainsi qu'il a été jugé par plusieurs
Arrests.

14 C'est pourquoy lorsque des
Lettres de change sont presentées
par des inconnus pour en exiger le
payement, il est bon de les obliger
ou à donner caution, ou du moins à
se faire connoître, & certifier par des
personnes de probité, & sur le témoignage desquels on puisse être en
seureté.

15 Lorsque que l'on paye à des

ˣ Infero ex hac declaratione quod Bancherii, seu num-
mularii debent esse cauti in scripturis, & subscriptionibus
cedularum, & illarum recognitionibus, qui si solverint
pecuniam cum cedulis, seu apochis falsis, quæ eis præ-
sentantur, &c. Quas ipsi veras præsupponunt, quando
solvunt coguntur iterum solvere veris dominis pecunia-
rum, quia male solverunt. *Sccacia* §. 2. *Glossa s. num.*
397.

gens folvables, l'on ne court aucun rifque, parce qu'ils font garants de la verité des ordres & des Lettres de change, en vertu defquelles ils reçoivent ; mais à l'égard des inconnus, il faut prendre les précautions neceffaires.

Ce Chapitre fournit quatre Maximes.

MAXIMES.

1 Pour exiger une Lettre de change, il faut qu'elle foit payable à celuy qui en demande le payement, ou par le texte de la Lettre, ou par ordre ou par tranfport de celuy qui en a les droits, ou qu'il en ait procuration.

2 Si celuy à qui la Lettre de change eft payable eft failly, fes creanciers, ou celuy pour compte de qui elle eft remife, peuvent obtenir du Juge le pouvoir de l'exiger.

3 Celuy qui paye cette Lettre de change doit connoître celuy qui reçoit, autrement il rifque de ne pas payer valablement.

4 Celuy qui reçoit eft garant de la verité

verité des ordres & de la Lettre, sauf
son recours contre les auteurs.

CHAPITRE XIV.

*Des diligences que le Porteur d'une Lettre
de change doit faire, faute de payement
à l'écheance.*

1 LEs Porteurs de Lettres de
change ne peuvent differer
d'en exiger le payemēt, sans s'exposer
aux risques de la solvabilité de ceux
qui les ont acceptées *y*, & sans donner atteinte à leur recours en garantie contre ceux qui leur sont obligez, parce que la negligence à demander le payement est un dol qui
les rend responsables du deperisse-
ment qui arrive.

2 C'est pourquoy ils sont obligez
pour la conservation de leurs droits
de faire des protests à faute de paye-

y Dolus est, si quis nolit persequi, quod persequi potest, aut si quis non exigerit, quod exigere potest. *L.* 44.
ff. mandati. Nominum, quæ deteriora facta sunt tempore curatoris periculum ad ipsum pertinet. *L. 9. §. 9. ff.
de adm. rer. ad civit. pert.*

K

ment, lorſque les Lettres de change font écheués, dans les temps, & fui-vant les uſages reſpectifs des lieux où les Lettres de change font paya-bles : car par la même raiſon qu'une Lettre de change tirée de Londres & payable à Paris, le proteſt faute de payement ne peut être fait que fuivant l'uſage de Paris, & non fui-vant celuy de Londres; de même, une Lettre de change tirée de Paris payable à Londres, ou en une autre Ville n'étant pas payée à l'écheance, le proteſt en doit être fait fuivant l'uſage de Londres, ou de cette autre Ville où elle eſt payable.

3 Ce proteſt eſt à peu près conçu eu cette forme dans la ville de Lyon.

En la preſence du Notaire Royal fouſſigné, & des témoins après nom-mez, Sieur   a fommé & in-terpellé Sieur   de luy payer comptant la fomme portée par la Let-tre de change fur luy tirée, de la-quelle la teneur s'enfuit

proteſtant à défaut de payement de

tous dépens, dommages & intérêts,
& de prendre ladite fomme de

à Change & rechange au cours de la
place de cette Ville, & de s'en prévaloir fur telle place qu'il avifera bon
être, fur & contre qui il appartien-
dra ; & ce parlant à
lequel a fait réponfe
ce que ledit Sieur a pris pour refus,
& perfiftant en fes proteftations a demandé acte, octroyé.

4 Mais parce que les ufages font
fort differens, & que lorfque l'on reçoit les protefts des places étrangeres, l'on doute fouvent de leur validité quand ils ne fe trouvent pas conformes à nôtre ufage, comme il eft
arrivé en l'année 1664. entre les
Sieurs Galon Banquiers à Lyon d'u-
ne-part, & les Sieurs Robilliac &
Reynard, & les freres Simonet d'autre-part, touchant la validité des protefts faits à Florence, qui ont été jugez bons & valables par Arreft du
21. Février 1668. rendu en la Grand'
Chambre au Rapport de feu Monfieur Dulaurens : il eft à propos de
rapporter les differens ufages des

places, afin que l'on puiſſe connoître
ſi les proteſts qui en viennent y ſont
conformes.

5 Et parce que dans ce procês des
Sieurs Gallon, Robilliard & Reynard, & freres Simonet, une rencontre de jours feriez avoit extrême-
ment prolongé le temps du proteſt,
l'eſpece en eſt aſſez curieuſe pour
être inſerée en cet endroit.

6 Le 13. Mars 1664. Robilliard
& Reynard fournirent une Lettre de
change de 1666. écus & deux tiers
de Florence, changez à ſoixante &
quinze écus de Florence pour cent
écus de trois livres de Lyon, payable à dix jours de vûë au Sieur Horace Marucelly de Florence, par Jean
Paul Prades Banquier à Florence,
valeur des Sieurs Gallon.

7 Le 20. de Mars de la même année les freres Simonet fournirent pareillement aux Sieurs Gallon une
Lettre de change de 1200 écus de
trois livres de Lyon, payable à dix
jours de vûë au même Horace Marucelly par le même Jean Paul Prades.

8 Le 27. du même mois les Sieurs

Robilliard & Reynard fournirent
encore aux Sieurs Gallon une autre
Lettre de change de 2000. écus de
France chargez à soixante-quinze &
demy écus de Florence pour cent
écus de France, payable à dix jours
de vûë audit Sieur Marucelly par le
même Jean Paul Prades.

1664. {
Celle du 13. Mars fut acceptée le 26. Mars.

Celle du 20. Mars fut ac-
ceptée le 2. Avril.

Et celle du 27. Mars fut
acceptée le 9. Avril.

9 Elles furent toutes trois protestées faute de payement le 22. Avril
1664. (parce que le jour precedent
Prades s'étoit absenté à cause du de-
sordre de ses affaires.) & renvoyées
à Lyon au Sieur Gallon ; ce qui donna lieu à l'action en garantie qu'ils
intenterent en la conservation le 8.
May 1668. tant contre les Sieurs Robilliard & Reynard, que contre les
Sieurs freres Simonet, pour en être
remboursé avec le retour & frais du
protest.

10 Robilliard & Reynard, & les

K iij

Simonet foûtenoient que les protefts n'avoient pas été faits dans le temps, & qu'il y avoit un intervale de temps de negligence, depuis l'echeance jufques au proteft , qui rendoit Marucelly refponfable de la banqueroute de Prades, qui étoit l'Acceptant , & qu'ainfi l'on n'avoit aucun recours contre eux.

11 Mais les Sieurs Gallon ayans demandé à faire preuve par enquête que l'ufage à Florence étoit :

Primò , Qu'à Florence , en acceptant une Lettre de change, celuy qui l'accepte met feulement accepté, & quand elle eft à tant de jours de vûë , il met la datte de l'accéptation, & ne figne pas.

Secundò , Que le jour de l'acceptation ne fe compte pas, & le terme ne commence que du jour fuivant.

Tertiò , Que le jour de l'echeance appartient tout au Debiteur ; qu'on ne le peut contraindre au payement ce jour-là, & partant que lorfque le terme échoit un Samedy, foit qu'il foit fefte ou non, on ne paye pas ces Lettres ce Samedy ; mais le paye-

ment en eſt differé au Samedy ſuivant, parce que les Lettres de change
ne ſe payent que le premier Samedy
aprês l'écheance des Lettres de change, auquel jour on donne les bilans.

Quartò, Que les payemens des Lettres de change parmy les Banquiers
& gens d'affaires n'ont accoûtumé
d'être faits que par le moyen de la
Banque Giro, tenuë par un Banquier
qui eſt élû à temps par le Grand Duc,
par le moyen des bilans qu'on preſente à cette Banque le Samedy, & le
Maître de Banque a temps juſques
au Mardy ſuivant, pour verifier les
bilans, & ſe déclarer s'il veut allouër
les parties qui ſont demandées dans
les bilans.

Quintò, Que lorſque le Maître de
la Banque ne veut pas allouër les parties qui ſont demandées dans les bilans, il en fait la notification pour
tout le Mardy ſuivant, en conſequen-
ce de quoy celuy qui a donné le bilan eſt tenu rayer les parties refuſées,
& ne peut contraindre le Maître de
la Banque à les paſſer pour bonnes,
& enſuite l'on fait le proteſt.

Sextò, Que le Samedy Saint on ne presente pas les bilans à la Banque Giro, ny l'on ne paye pas les Lettres de change ; mais on retarde jusques au Samedy suivant.

12 Ce qui fut ordonné par Sentence de la Conservation du 5. Aoust 1664. & sur cette preuve ayant fait voir que suivant l'usage de Florence le premier Samedy aprês l'écheance de la Lettre de change du 13. Mars, & de celle du 20. Mars étoit le Samedy 5. jour ferié à Florence; ce qui renvoyoit au Samedy 19. Avril pour donner le bilan, & au Mardy 22. Avril pour le protest. Sur l'appel de cette Sentence qui avoit ordonné l'enquête & le principal évoqué, par Arrest du 28. Février 1668. Robilliard & Reynard, & les freres Simonet furent condamnez à payer le contenu aux Lettres de change, avec les interêts puis le protest.

13 L'on voit par cet Arrest que la Cour a jugé que la validité d'un protest dépendoit de l'usage du lieu où il a été fait, ainsi il importe de sçavoir les differens usages.

14 Par toute la France les protests
des Lettres de change doivent être
faits dans les dix jours après celuy de
l'écheance ᶻ ; c'est la disposition pré-
cise de l'article 4. du titre 5. de l'E-
dit de commerce , & dans les dix
jours , l'article six veut que l'on y
comprenne ceux de l'écheance & du
protest; en quoy il est contraire à l'article quatre, qui n'ordonne de faire
le protest que dix jours après celuy
de l'écheance. Depuis il y a eu une
Declaration du Roy du mois de Juin
1686. conforme à un Arrest du Conseil du 5. Avril de la même année ,
par laquelle Sa Majesté ordonne que
les dix jours accordez aux Porteurs
des Lettres de change pour les protests , ne seront comptez que du lendemain de l'écheance des Lettres ,
sans que le jour de l'écheance y puisse être compris ; le plus seur est de
ne pas attendre l'extrémité, puisqu'il
est libre au Porteur de le faire dès le

ᶻ Les Porteurs de Lettres de change qui auront été acceptées, ou dont le payement échoit à jour certain, seront
tenus de les faire payer ou protester dans dix jours après
celuy de l'écheance. Article 4. titre 5. de l'Edit de commerce.

lendemain de l'écheance.

15 La ville de Lyon a un usage particulier [a] pour les Lettres de change payables en l'un de ses quatre payemens, qui est qu'elles soient protestées dans les trois jours suivans non feriez ; c'est-à-dire, que comme les payemens des Roys durent tout le mois de Mars, il faut protester dans les trois premiers jours d'Avril non feriez. Les payemens de Pasques durent tout le mois de Juin, il faut protester dans les trois premiers jours non feriez de Juillet. Les payemens d'Aoust durent tout le mois de Septembre, il faut protester dans les trois premiers jours non feriez d'Octobre. Et les payemens des Saints durent tout le mois de Decembre, il faut protester dans les trois jours de Janvier les Lettres de change payables dans ces payemens. Cet usage est autorisé par le Reglement du 2. Juin 1667. omologué par le Roy le 7. Juillet

a *Que les Lettres de change acceptées payables en payement qui n'auront été payées du tout ou en partie pendant iceluy, & jusques au dernier jour du mois inclusivement, seront protestées dans les trois jours suivans non feriez, &c.* Article 9. du Reglement de la place de Lyon.

1667. & verifié en Parlement le 18.
May 1668. Et l'article 7. du titre 5.
de l'Edit de 1673. déclare qu'il n'y eſt
pas dérogé.

16 A Londres l'uſage eſt de faire le
proteſt dans les trois jours aprês l'é-
cheance, à peine de répondre de la
negligence : Et il faut encore obſerver que ſi le troiſiéme des trois jours
eſt ferié, il faut faire le proteſt la
veille.

17 A Hambourg de même pour les
Lettres de change tirées de Paris &
de Roüen ; mais pour les Lettres de
change tirées de toutes les autres places, il y a dix jours, c'eſt-à-dire qu'il
faut faire le proteſt le dixiéme jour
au plus tard.

18 A Veniſe l'on ne peut payer les
Lettres de change qu'en Banque, &
le proteſt faute de payement des Lettres de change doit être fait ſix jours
aprês l'écheance ; mais il faut que la
Banque ſoit ouverte, parce que lorſque la Banque eſt fermée, l'on ne peut
pas contraindre l'Acceptant à payer
en argent comptant, ny faire le proteſt ; ainſi lorſque les ſix jours arri-

vent, il faut attendre fon ouverture
pour demander le payement & faire
les protefts, fans que le Porteur puiffe
être reputé en faute.

19 La Banque fe ferme ordinairement quatre fois l'année pour quinze
ou vingt jours, qui eft environ le 20.
Mars, le 20. Juin, le 20. Septembre
& le 20. Decembre; outre ce, en car-
naval elle eft fermée pour huit ou dix
jours, & la femaine Sainte, quand elle
n'eft point à la fin de Mars.

20 A Milan il n'y a pas de terme
reglé pour protefter faute de payement; mais la coûtume eft de differer
peu de jours.

21 A Bergame les protefts faute
de payement fe font dans les trois
jours après l'écheance des Lettres de
change.

22 A Rome l'on fait les protefts faute de payement dans 15. jours après
l'écheance.

23 A Ancone les protefts faute de
payement fe font dans la huitaine
après l'écheance.

24 A Boulogne & à Livourne il n'y
a rien de reglé à cet égard, l'on fait

ordinairement les protefts faute de
payement peu de jours aprês l'é-
cheance.

25 En Amfterdam les protefts faute de payement fe font le cinquiéme
jour aprês l'écheance, de même à Nuremberg.

26 A Vienne en Auftriche la coûtume eft de faire les protefts faute de
payement le troifiéme jour aprês l'é-
cheance.

27 Dans les places qui font foires
de Change, comme Nouë, Frankfort,
Bolzan & Lintz, les protefts faute de
payement [b] fe font le dernier jour de
la foire.

28 Il n'y a point de place où le delay de faire le proteft des Lettres de
change foit fi long qu'à Gennes, parce qu'il eft de trente jours, fuivant le
Chapitre 14. du quatrième Livre des
Statuts.

29 Les Negocians de quelque places, comme ceux de Rome, fe per-

[b] Si Cambium aliquod effet folvendum & non accepta-
retur, vel non folveretur, tenetur creditor, feu ille cui
Cambium folvendum effet proteftari intra tringinta dies,
à die folutionis faciendæ, alias remaneat obligatus pro ipfo
Cambio, &c. Cap. 14. lib. 4. ftat. Gen.

fuadent n'être pas obligez de protefter faute de payement : mais cette opinion choque non feulement l'ufage
univerfel ; mais encore la raifon naturelle, parce que tant qu'ils ne feront
pas apparoir à ceux contre qui ils pretendent recourir, que l'Acceptant au
temps de l'écheance a été refufant de
les payer, ils ne pourront pas établir
leur recours [c]. C'eft pourquoy il faut
tenir pour conftant que tout Porteur
de Lettre de change eft obligé de protefter à l'écheance, fuivant les ufages
des places où les Lettres de change
doivent être payées, & le proteft eft
d'une neceffité fi indifpenfable, qu'il
ne peut être fuppléé par aucun autre
acte, fuivant la difpofition precife de
l'article 10. du titre 5. de l'Edit de
commerce.

30 Mais parce que le proteft ne fer-
viroit de rien à ceux qui font obligez
à la Lettre de change, & qui peuvent

[c] Priufquam campfor poffit agere contra campfarium
ad Litterarum folutionem debet apparere, an ille Litteræ
fuerint acceptatæ, & folutæ, pro ut inter eos actum fuit,
& quando non fuerint folutæ, debet apparere, quod campfor feu alius nomine ipfius proteftatus fuit. *Scaccia* §. 7.
Gloffa 2. *num.* 3. *in fin.*

avoir des actions en garantie , comme les Porteurs & même les Tireurs, s'ils l'ignorent [d], & que l'on a vû des Porteurs lesquels après les protests se tenans assurez de pouvoir exiger quand ils voudroient le contenu en la Lettre de change avec les interêts , negligeoient de le faire sçavoir à ceux qui y avoient interêt ; d'où s'ensuivoient plusieurs inconveniens sur un resultat des Juges Consuls de Paris du

Il y eut un Arrest du Parlement du 7. Septembre 1663. qui fut suivy d'une Declaration du Roy du 9. Janvier 1664. par laquelle l'on avoit prescrit un temps convenable pour faire sçavoir les protests à tous ceux qui avoient mis des ordres & tiré des Lettres de change suivant la distance des

[d] Si protestaretur & certioraret debitorem , utique debitor , si tunc non solveret , teneretur ad Cambium & ad interesse ; sed non certioratus videretur excusandus , quia posset præsumere Litteras fuisse solutas : hæcque justa præsumptio excusaret à morâ. *Curr. Iun. Consl. 132. habita num. 11.* Tum quia si Litteræ cambii spectent ad eumdem , cui solvendæ erant posset is malitiose omittere protestationem , & certiorationem debitoris , quia cum sciat debitorem esse securum , & idoneum desiderat illum obligare , etiam pro interessibus , cui malitiæ statutum Genuense prudenter obviavit. *Scaccia §. 2. Glossa 5. num. 320.*

lieux : Et par le Reglement de la place de Lyon du 7. Juillet 1667. il est ordonné que les protests des Lettres de change du Royaume seront signifiez dans deux mois ; des Lettres d'Italie, Suisse, Allemagne, Hollande, Flandres & Angleterre, dans trois mois ; des Lettres d'Espagne, Portugal, Pologne, Suede & Dannemarc, dans six mois.

31 L'Edit de commerce ne se contente pas d'une simple signification de protest [e], il veut que ceux qui auront tiré ou endossé des Lettres de change soient poursuivis en garantie dans la quinzaine, s'ils sont dans la distance de dix lieuës, & au delà, à raison d'un jour pour cinq lieuës, pour les personnes domiciliées dans

---

e Ceux qui auront tiré ou endossé des Lettres seront poursuivis en garantie dans la quinzaine, s'ils sont domiciliées dans la distance de dix lieuës, & au delà, à raison d'un jour pour cinq lieuës, sans distinction du ressort des Parlemens ; sçavoir, pour les personnes domiciliées dans nôtre Royaume, & hors iceluy, les delais seront de deux mois pour les personnes domiciliées en Angleterre, Flandres ou Hollande de trois mois ; pour l'Italie, l'Allemagne & Cantons des Suisses, de quatre mois ; pour l'Espagne, de six ; pour le Portugal, la Suede & le Dannemarc. Edit de commerce titre 5. article 13.

le

le Royaume, & dans deux mois pour les personnes domiciliées en Angleterre ; Flandres ou Hollande , dans trois mois ; pour l'Italie , l'Allemagne & les Suisses , dans quatre mois, pour l'Espagne , & dans six mois pour le Portugal, la Suede & le Dannemarc. L'article 14. de cet Edit marque comment il faut compter le temps, & l'art. 15. statuë une fin de non-recevoir contre les Porteurs après ces delais.

32 Il semble que cette obligation de poursuivre les garants, ordonnée par la Declaration de 1664. soit contraire au bien du commerce , parce qu'elle ôte les facilitez que les creanciers pouvoient donner aux garants, sans aucun préjudice des uns ny des autres, & elle met les negocians dans une necessité indispensable de faire des procês ; ce qui est desavantageux aux uns & aux autres.

33 Le Sieur Savary dans son parfait Negociant, Chapitre 6. Livre 3. de la premiere Partie, page 178. seconde Edition, dit, que la poursuite en garantie est ordonnée, parce que l'on avoit reconnu des abus dans les notifi-

L

cations qui n'étoient pas toûjours faites fidellement ; mais quand on auroit
ordonné les mêmes précautions que
pour les ajournemens dans l'Ordonnance du mois d'Avril 1667. particulierement à l'article 4. ou autres équi-
pollentes, il semble que sçauroit été
pour le bien du commerce.

34 Il faut observer que de la maniere que cette disposition a été conçuë, soit pour la notification des protests, dans la Declaration de 1664. &
dans le Reglement de Lyon, ou pour
l'action en garantie dans l'Edit de
commerce; pour ce qui est des Lettres
étrangeres, est fort sujet à n'être pas
executé, parce qu'il est dit pour les
Lettres d'Italie, Suisse, Allémagne,
Hollande, Flandre, Angleterre, &c.
& pour les personnes domiciliées en
Angleterre, Flandre, Hollande, &c.
ce qui regarde les notifications &
poursuites en garantie à faire hors le
Royaume, dont les Juges étrangers
seront seuls saisis, & lesquels ne sont
pas obligez à Juger leurs Justiciables
selon nos Loix.

35 Mais il auroit été plus à propos

de dire dans ces difpofitions les Lettres de change tirées de France &
payables en places étrangeres, étant
proteftées faute de payement, les Tireurs & Donneurs d'ordre feront
pourfuivis en garantie ; fçavoir, de
celles payables en Angleterre, &c.
dans deux mois, parce que cette garantie fe devant exercer devant les
Juges du Royaume, ils la jugeroient
fuivant la Loy faite pour le Royaume.

36 Il auroit encore été à propos
d'expliquer fi les delais établis doivent être pour chaque Donneur d'ordre, enforte que le Tireur ne peut
pretendre de fin de non-recevoir fi la
Lettre a été negociée fur plufieurs
places, pour lefquelles il aura été employé plufieurs delais pour les pourfuites en garantie, ou fi les delais doivent être pris étroitement du lieu où
la Lettre de change devoit être payée
à celuy où elle a été tirée, parce qu'il
eft arrivé quelques differens à cet é-
gard, que l'on étoit en peine de regler.
J'en ay vû un d'une Lettre de change
tirée à Orleans, & payable à Paris à
l'ordre d'un particulier, qui avoit mis

son ordre en faveur d'un particulier de Tours, celuy-cy avoit mis le sien en faveur de Saint Estienne en Forest ; celuy-cy avoit mis le sien en faveur d'un particulier de Lyon , lequel avoit mis le sien en faveur d'un particulier de Paris. Elle fut protestée faute de payement, & renvoyée à Lyon & à tous les lieux où elle avoit passé : ce qui ne peut être fait dans le delay statué d'Orleans à Paris , suivant l'article 13. de l'Edit de commerce, qui est de dix-neuf jours, la distance n'étant que de trente lieuës ; sçavoir , quinze jours pour les premiers, dix lieuës, & quatre jours pour les vingt lieuës restantes , à raison d'un jour pour cinq lieuës, le Tireur se défendoit par la fin de non-recevoir , & la plus commune opinion fut que chaque Endosseur devoit avoir le temps pour la poursuite , suivant la distance du lieu de la demeure au lieu de celle de son Endosseur, & que le Tireur ne pouvoit compter que du jour que la poursuite avoit été faite à celuy à qui il avoit fourny la Lettre de change ; les Parties s'accommode-

rent fans donner lieu à aucun Arreſt
qui peut ſervir de Reglement. Le
Sieur Savary dit dans le Chapitre 22.
qu'une ſemblable queſtion ſe preſen-
ta à Laval en Février 1673. que les
Conſuls de Laval en écrivirent aux
Conſuls de Paris, qui luy renvoye-
rent cette affaire, ſur laquelle il donna ſon avis conforme à l'opinion commune cy-deſſus rapportée, & qu'il fut
ainſi jugé par Sentence confirmée par
Arreſt. Il auroit été à propos qu'il
eut dit le nom des Parties, la datte de
la Sentence & de l'Arreſt.

37 Si l'Edit de commerce n'avoit
obligé qu'à la notification du proteſt,
comme portoit la Declaration de
1664. le Porteur de la Lettre de change pourroit aiſement prévenir l'in-
convenient de la queſtion qui vient
d'être propoſée, en faiſant faire deux
expeditions du proteſt, dont l'une ſeroit renvoyee à ſon Endoſſeur, & l'autre notifiée au Tireur : mais cet Edit
deſirant une pourſuite en garantie,
c'eſt impoſer une neceſſité de procês,
laquelle chacun tâche d'éviter.

L iij

38 Lors qu'un Endosseur f poursuivy en garantie oppose la fin de non-
recévoir, il faut qu'il paroisse ou qu'il
a donné la valeur de la Lettre de
change, ou qu'il fut creancier de son
auteur ; & lorsque le Tireur veut opposer la fin de non-recevoir, il faut
qu'il prouve que celuy sur qui la Lettre de change étoit tirée luy devoit,
ou qu'il en avoit la provision ; c'est la
disposition de l'article 16. du titre 5.
de l'Edit de commerce, & cela est
conforme à l'équité g, parce que
si l'on n'avoit pas donné la valeur
de la Lettre de change on n'é-
toit pas creancier de son auteur ; &
si l'autre (qui est le Tireur) n'avoit
pas envoyé la provision, ou n'étoit
pas creancier de celuy qui devoit
payer la Lettre de change, ils seroient tous deux aux mêmes termes

f *Les Tireurs ou Endosseurs des Lettres seront tenus de
prouver, en cas de dénegation, que ceux sur qui elles
étoient tirées leur étoient redevables, ou avoient provision au temps qu'elles on dû être protestées, sinon ils seront
tenus de les garantir.* Edit de commerce titre 5. art. 16.

g Cum enim sit bonæ fidei judicium, nihil magis bonæ fidei congruit, quam id præstari, quod inter contra-
hentes actum est. *L. 11. §. 1. ff. de act. empt.*

de ceux qui vendent [h] ; ce qui ne leur
appartient pas, ou qui cedent ce qui
ne leur eſt pas dû ; ce qui eſt un dol
& une mauvaiſe foy, contre laquelle
il ne ſeroit pas juſte d'admettre une
fin de non-recevoir : Mais ſi l'un a
payé la valeur, & ſi l'autre avoit remis la proviſion, ils peuvent être déchargez de la garantie, lorſque le
proteſt n'a pas été fait dans les temps
ordinaires, ſuivant les uſages des places ; & en France ſi l'action en garantie n'eſt pas intentée dans les delais
ordonnez par l'Edit de commerce.

39 Si-bien qu'il importe extrême-
ment que le Porteur faſſe les diligences expliquées dans ce Chapitre, pour
conſerver les droits du rembourſement, qu'il faut examiner dans le
Chapitre ſuivant.

L'on peut recueillir quatre Maximes de ce Chapitre.

[h] Si dolo malo aliquid fecit venditor in re vendita, ex
empto eo nomine actio competit : nam & dolum malum
eo judicio æſtimari oportet, ut id, quod præſtaturum ſe
eſſe pollicitus ſit venditor, emptori præſtari oporteat.
L. 6. §. 8. ff. de act. empt.

MAXIMES.

1 Le Porteur d'une Lettre de change est obligé à l'écheance, ou au plus dans les delais ordinaires des lieux d'exiger la Lettre de change, ou de la faire protester, d'en notifier le protest, & de poursuivre ceux contre qui il pretend exercer sa garantie dans les delais ordonnez, à peine d'y être non-recevable.

2 Ce protest pour être valable doit être fait suivant l'usage du lieu où la Lettre de change est payable, & non suivant celuy du lieu d'où la Lettre de change a été tirée.

3 Le Porteur ne peut jamais recourir contre ces Endosseurs & Tireurs, sans faire apparoir par un protest le refus du payement de la Lettre de change.

4 Les Endosseurs & les Tireurs qui pretendent être déchargez de la garantie par la fin de non-recevoir faute de diligences dans le temps, doivent justifier d'avoir donné la valeur de la Lettre de change, que l'Acceptant devoit ou avoit provision.

CHAPITRE XV.

En quoy consistent les droits du Porteur d'une Lettre de change protestée faute de payement.

1 SI la Lettre de change n'appartient pas au Porteur, & qu'elle luy soit remise pour compte d'autruy, il n'a qu'à la renvoyer à son auteur, & repeter contre luy les frais de protest & sa provision, qui est la reconnoissance de sa peine.

2 Mais si la Lettre de change appartient au Porteur, l'usage universel luy donne le choix de trois moyens pour liquider les dommages du défaut de payement.

3 Le premier est de joindre à la somme principale les frais du protest, & les interets depuis le jour du protest jusqu'à l'actuel payement i, parce que

i *L'interêt du principal & du Change sera dû du jour du protest, encore qu'il n'ait été demandé en Iustice. Edit de commerce titre 6. article 7. Arrest du Conseil du 26. Iuin 1647. entre Iean Savaron & Balzac & Seguret. Arrest du Parlement du 13. Iuin 1643. entre Maitre Pierre le Clerc de la Galoriere & Consors, & Iacques Despinoy défendeurs.*

les interêts en fait de Lettres de change font dûs du jour du protest, encore qu'il n'en ait été fait demande en Justice. C'est la disposition de l'article 7. du titre 6. de l'Edit de commerce, & il avoit été ainsi jugé par plusieurs Arrests.

4 Le second moyen est[1], que le Porteur prenne de l'argent à Change, & qu'il fournisse une Lettre de change payable en la même Ville d'où celle qui a été protestée étoit tirée, & dans cette Lettre de change qu'il tirera il comprendra : *Primò*, La somme principale de la Lettre dont il étoit Porteur : *Secundò*, Les frais de protest : *Tertiò*, Sa provision : *Quartò*, Le courtage : & *Quintò*, Le prix du nouveau Change ; ce qu'il est à propos d'expliquer par un exemple. La

---

[1] *Ne sera dû aucun rechange pour le retour des Lettres, s'il n'est justifié par pieces valables qu'il a été pris de l'argent pour le lieu auquel la Lettre aura été tirée, sinon le rechange ne sera que pour la restitution du Change, avec l'intérêt, les frais du protest & de voyage, s'il en a été fait, après l'affirmation en Iustice.* Article 4. titre 6. de l'Edit de commerce.

Qui exigere debet Cambium potest non soluto, pecunias Cambio capere protestatione facta. *Rota Genuens. decis.* 143. *num.* 1.

Lettre de change protestée faute de payement étoit de 4000 liv. tirées de Lyon & payable à Paris. Les frais du protest une liv. dix sols. La provision à un tiers pour cent 13 liv. 6. sols 8. den. Le courtage à un huitiéme pour cent 5. liv. Et si le prix du nouveau Change est communément à un demy pour cent pour les payemens les plus prochains 60. liv. 5. sols 10. deniers. Toutes ces sommes jointes ensemble son 4080 liv. 2. sols 6. den. dont il fera une Lettre de change pour le retour de celle qui a été protestée : cet usage est autorisé par l'article 4. du titre 6. de l'Ordonnance de commerce.

5 Le troisiéme moyen que l'usage universel donne au Porteur, par la clause du protest, c'est de faire ce rechange sur telle place que bon luy semble, autre que celle dont la Lettre de change protestée a été tirée ; ensorte que j'ay vû des Lettres de change tirées de Lyon & payables à Madrid , étans protestées faute de payement ; le Porteur a fait le rechange & tiré des Lettres de change pour

fon remboursement fur Amsterdam, & les Tireurs de Lyon des Lettres de change protestées, n'ont fait aucune difficulté de pourvoir en Amsterdam pour le payement de ce rechange, parce que tel est l'usage de toutes les places, & même le protest porte la clause commune & expresse de protestation de prendre de l'argent à Change & rechange sur telle place que l'on verra bon être.

6 Il est vray que le Porteur qui prend le Change sur une autre place que celle d'où est venuë la Lettre protestée, doit en avertir les Interessez [m] dans un temps convenable, afin qu'il puisse remettre à temps la provision pour le payement de celle qu'il a tirée.

7 Ce dernier moyen est abrogé en France par l'article 5. du titre 6. de

[m] Rursus notificetur debitori, ad effectum ut certo sciat debitum suum, jam esse sub usuris, sicque possit si velit, ab illis se liberare. *Scaccia §. 1. quæst. 7. part. 2. amp. 8. num. 250.*

Clam facere videri, Cassius scribit eum qui celavit adversarium, neque ei denunciavit. *L. 3. §. 7. ff. quod vi, aut clam.*

l'Edit de commerce n; mais comme nos Loix n'obligent pas les étrangers pour empêcher l'intention que l'on a euë de favorifer les Negocians du Royaume n'ait un effet tout contraire, il faut examiner de part & d'autre de quel côté eft l'équité, afin qu'étant reconnuë, elle foit fuivie fans refiftance.

8 Ce moyen de tirer les rechanges fur d'autres places que celles d'où les Lettres de change étoient originaires étoit pratiqué en divers cas.

9 L'un & le plus confiderable étoit lorfque la Lettre de change proteftée fe trouvoit chargée de plufieurs ordres paffez en faveur de divers particuliers de differentes places ; que le Porteur prenoit fon retour fur fon auteur, celuy-cy fur le fien, & ainfi des uns aux autres jufqu'au Tireur.

---

n *La Lettre de change même payable au Porteur ou à ordre étant proteftée, le rechange ne fera dû par celuy qui l'aura tirée, que pour le lieu où la remife aura été faite, & non pour les autres lieux où elle aura été négociée, fauf à fe pourvoir par le Porteur contre les Endoffeurs pour le payement d'un rechange des lieux où elle aura été negociée, fuivant leur ordre. Article 5. titre 6. de l'Edit de commerce.*

EXEMPLE.

Pierre de Paris fournit à Jean de la même Ville une Lettre de change de 3000 liv. dattée du mois de Juin sur Paul de Lyon, payable à Jean ou à son ordre aux payemens d'Aouft ; c'eft-à-dire dans tous les mois de Septembre lots prochain, valeur reçuë comptant de luy-même. Jean paffe son ordre au profit de Jacques d'Amfterdam, met le sien au profit de Bernardin de Venife.

Et Bernardin de Venife met le sien au profit de Guillaume de Lyon, pour en procurer l'acceptation & le payement.

En payement d'Aouft Paul de Lyon fur qui la Lettre de change eft tirée, la laiffe protefter, & en cet état Guillaume Porteur a pris le rechange fur Bernardin de Venife, avec les frais de proteft, de courtage, & de fa provifion.

Bernardin de Venife a pris le rechange du payement qu'il a fait fur Jacques d'Amfterdam, avec les frais de courtage & de provifion ; & Jacques d'Amfterdam a encore pris le rechange de ce qu'il a payé, avec les frais de courtage & provifion fur Jean de Paris, qui a mis le premier ordre en fa faveur ; au moyen de tous ces rechanges ce dernier recours eft beaucoup plus rigoureux qu'il n'auroit pas été de Lyon à Paris.

Cependant Jean demande à Pierre Tireur le rembourfement de tous ces rechanges caufez par le défaut de payement de la Lettre de change par luy fournie, comme garand non feulement de la Lettre de change ; mais encore de tous les dommages & interêts qui procedent du défaut de payement.

10 Un autre cas où l'on pratique cette maniere de prendre le rechange fur telle place que le Porteur trouvoit bon par une neceffité, étoit lors qu'il n'y avoit pas négoce ordinaire & reglé de la Ville où la Lettre de change étoit payable, pour celle d'où elle a été tirée : Par exemple, une Lettre de change payable à Boulogne, en Italie, & tirée de Paris, il

est tres-certain qu'il n'y a pas de négoce ordinaire de Boulogne à Paris, il faut de necessité prendre le rechange sur une autre place qui ait un negoce ordinaire & courant pour ces deux places, comme Lyon, afin que le debiteur du Change puisse faire le remboursement de ce rechange dans cette place intermediaire, ou se faire retirer un autre rechange. Il en est de même de la pluspart des autres places d'Italie avec Paris, d'Hambourg, de Dantzic, & autres places avec Lyon, & ainsi de plusieurs places.

11 L'on voit même des cas, où quoy qu'il y ait un negoce assez ordinaire entre la place d'où la Lettre de change est tirée, & celle où elle est adressée ; neanmoins les Porteurs en cas de protest prennent le rechange sur une autre place : Par exemple, des Lettres de change tirées à Lyon & protestées à Venise, le Porteur en prend souvent le rechange, ou sur Nouë, ou sur Amsterdam, ou sur Londres.

12 Le Sieur Savary dans son parfait

fait Negociant, feconde Edition, premiere Partie, Livre 3. Chapitre XI.
page 271. propofe encore trois cas
qui produifent plufieurs rechanges.
Le premier eft lorfque le Tireur remet fa Lettre à un Banquier d'une
autre place que celle où la Lettre de
change eft adreffée.

EXEMPLE.

Pierre de Paris doit 3000. livres à
Jacques d'Amfterdam pour s'acquiter
de cette dette, il luy envoye fa Lettre de change tirée fur Paul de Lyon,
& ordre de la negocier : cette Lettre
de change eft proteftée, le Porteur
prend le rechange fur Jacques d'Amfterdam qui la luy a remife, & Jacques prend un fecond rechange fur
Pierre de Paris.

13 Le fecond cas du Sieur Savary
page 272. du même Livre, eft lorfque le Tireur d'une Lettre de change fur une place envoye pour provifion pour l'acquitter une autre Lettre de change fur une autre place, &
que cette derniere Lettre de change
eft proteftée.

M

EXEMPLE.

Pierre de Rion en Auvergne tiré une Lettre de change de 3000. livres fur Paul de Paris payable à Thomas; pour acquitter cette Lettre de change, Pierre remet à Paul une Lettre de change fur Jacques d'Orleans, Jacques d'Orleans laiffe protefter cette Lettre, le Porteur en prend le rechange fur Paris, & le rechange fait à Paris eft pris fur Rion.

14 Le troifiéme cas du Sieur Savary eft lorfque le Tireur de la Lettre de change donne pouvoir, foit au Donneur de valeur ou au Porteur de la difpofer pour un autre lieu que celuy où elle eft adreffée, où pour tous les lieux qu'il fera trouvé bon; & en ce cas lorfqu'une pareille Lettre retourne en proteft, tous les rechanges en font dûs aux termes de pouvoir donné par le Tireur, c'eft la difpofition de l'article 6. du titre 6. de l'Edit de commerce.

15 Il faut maintenant examiner ces differens cas par les principes de l'é-

quité de la raison & des Loix, fans s'arrêter à l'ufage qu'entant qu'il s'y trouvera conforme, parce qu'en ce que cet ufage s'y trouvera contraire, il faut le corriger comme abus.

16 C'eft un principe d'équité º que toutes les fois que le Porteur d'une Lettre de change proteftée peut pren dre fon rechange à moins de perte & de dommage pour le Tireur d'une fa- çon que d'une autre, le Tireur n'eft obligé de rembourfer le rechange que de la façon qui produit le moins de dommage.

17 Ce principe pofé, il eft certain que toutes les fois qu'il y a un nego- ce ordinaire & reglé de là part où la Lettre de change devoit être payée pour celle d'où elle eft tirée, comme de Lyon à Paris, il y eft moins de perte pour le Tireur que le rechan- ge foit pris pour Paris que s'il eft pris

---

o Confirmatur fecundo quia creditor, quando potuiffet aliter cum minori difpendio fe confervare in demnem tunc debitor tenetur folum ad id, quod cum minori dif- pendio potuiffet fe confervare indemnem, & non ad illud plus. *Scaccia* §. 1. *quæft.* 7. *amp.* 8. *num.* 249. *in fin.* Qui libet debet effe intentus ut non noceat, fed ut profit alu. *Gloffa in L.* 1. §. 3. *ff. de peric. & comm. rei. vendit.*

pour une autre place, comme pour
Venife; & par confequent le Tireur
d'une Lettre de change tirée de Paris, payable & proteftée à Lyon, ne
doit que le rechange de Lyon à Paris, & ce feroit une injuftice de l'obliger à le rembourfer d'une autre maniere.

18 Et ce que l'on voudroit objec-
ter de la part du Porteur, qu'il doit
faire le retour à fon auteur, ne peut
être confideré contre le Tireur, puifque la valeur du rechange qu'il pren-
droit pour Paris feroit un fonds pareil pour le retour de fon auteur,
que le rechange qu'il prend fur fon
auteur, outre que le Tireur, qui eft
le Debiteur originaire ne doit pas
être chargé de ce qui ne regarde que
le fait d'autruy p comme toutes les
negociations en diverfes places.

19 Par la confideration donc de
ce feul principe, il faut dire qu'à l'é-
gard des rechanges de la même efpece premier cas, l'article 5. du titre 6.
de l'Edit de commerce n'a fait que

_____

p Factum cuique fuum non adverfario nocere debet.
_l.._ 155. _ff. de reg. jur._

déclarer & autorifer les principes de l'équité, lefquels ne peuvent être refufez fans bleffer la droite raifon.

20 Il y a une difference confiderable à faire entre les droits qui font contre le Tireur, & les droits que le Porteur a contre fon auteur ; car le Tireur n'eft tenu qu'au retour directement de la place où la Lettre eft adreffée, pour la place d'où elle eft tirée, comme étant la feule obligation refultante du fait de fa negociation ; & que l'on peut dire fubftantielle de la convention ; car l'on ne peut pas dire que la convention d'un Change comprenne naturellement autre chofe que la promeffe de la part du Tireur de faire payer la Lettre de change ; & en cas de proteft, d'en payer le rechange du lieu où elle étoit adreffée au lieu de fon origine, & nullement des rechanges & des negociations imprévûës q, & procedantes du fait de ceux qui en feroient Porteurs, & qui étoient abfolument ignorez.

q Non attenditur id de quo cogitatum non docetur, Arg. L. 9. ff. de transfact.

M iij

21 Mais pour les auteurs du Porteur, quand le Porteur prend son recours à droiture sur son auteur immediat, il n'exerce que le droit auquel il s'est engagé, & ainsi de suite les uns aux autres.

22 A l'égard des rechanges qui se prennent au second cas sur des places intermediaires, pourvû que le Tireur original de la Lettre de change protestée soit averty dans un temps convenable, pour pouvoir mettre ordre au payement de ce rechange ; la necessité d'en user ainsi le rend legitime, aussi-bien que le rechange qui se prend, quand faute par le Tireur d'avoir pourvû en la place intermediaire au payement de ce premier rechange, il faut en faire un second de cette place intermediaire sur la place originaire.

23 L'on peut même dire que les parties sont tacitement convenuës qu'il en seroit usé ainsi, parce que tant de la nature du contract de Change qu'à défaut de payement de la Lettre de change, le Porteur puisse prendre le retour avec le rechan-

ge , pour suppléer au fonds à quoy le
payement de la Lettre de change devoit être employé s'il avoit eu effet;
& se trouvant une impossibilité de
prendre ce retour avec le rechange
à droiture pour la place originaire
de la Lettre de change , il faut ne-
cessairement que ce soit par des places intermediaires ; & par consequent
comprendre cette necessité comme
une convention sous-entendüe ʳ , &
tacite des parties, qui à cause de l'impossibilité d'en user autrement , doit
operer le même effet que si elle étoit
expresse ; & par consequent les rechanges en sont dûs , comme s'ils a-
voient été convenus suivant l'article 6. du titre 6. de l'Edit de commerce.

24 Pour ce qui est des rechanges
qui se prennent au troisiéme cas sur
des places intermediaires , s'il y a

____

ʳ In contrahendo quod agitur pro cauto habendum est.
L. 3. ff. de rebus creditis. Hoc est cum contrahimus quæ-
dam , & si non sine verbis nominatim expressa , subintel-
liguntur tamen , ex netura ipsius actus quem agimus seu
gerimus ; ea pro cautis & expressis habenda sunt : perinde
præstantur ea , ac si cauta & expressa fuissent. *Gottofred.*
in.

M iiij

preuve par des certificats autenti-
ques d'Agens de Changes de la place où la Lettre de change a été proteſtée faute de payement ; qu'il ne
s'eſt pas trouvé d'argent pour la place d'où elle étoit tirée lors du proteſt , ny pendant huit ou .dix jours
après; en ce cas le rechange qui auroit éte pris ſur la place intermediaire ſe trouveroit de la même nature
que celuy du ſecond cas : & quoi-que
ce fut un cas-fortuit, le Tireur ne
ſeroit pas bien fondé à pretendre le
rejetter ſur le Porteur, parce que le
Tireur eſt en faute de n'avoir pas ſi-
bien pourvû au payement de ſa Lettre de change qu'elle ne fut pas proteſtée faute de payement, il doit être
reſponſable de ce qui arrive par cas-
fortuit, ſur le retour & le rechange
que ſa faute produit.

25 Mais s'il n'y avoit point de preuve que l'argent eut manqué dans la
place où la Lettre de change étoit
proteſtée, pour celle d'où elle étoit
tirée, en ce cas-là il n'y a pas de difficulté que cette multiplicité de rechange n'eſt pas legitime, par les rai-

fons expliquées cy. deſſus au premier
cas.

26 Et pour lors, auſſi-bien qu'au
premier cas, tout ce qui peut être
pretendu contre le Tireur, c'eſt de
calculer un rechange de la Lettre,
& tous les frais expliquez cy-deſſus
au cours du Change, qui couroit au
temps du proteſt dans la place où la
Lettre de change a été proteſtée,
pour la place d'où elle étoit tirée.
C'eſt ſans doute pour cet effet qu'au
bas de tous les proteſts d'Italie, il y
a toûjours un certificat de deux Agens
de Change du prix qu'il s'eſt changé
en ce temps-là dans cette place, pour
celle d'où la Lettre de change proteſtée étoit tirée.

27 Et le Tireur ne ſeroit pas bien
fondé à s'en défendre ; & dire que ce
ne ſeroit qu'un retour feint , & que
par conſequent il ne doit que les interêts ; parce que dês lors qu'il ſeroit
juſtifié qu'il y a eu un retour, & qu'il
a été pris de l'argent dans le lieu auquel la Lettre a été tirée ; il ſeroit dû
rechange, & il n'importe pas que ce fut
pour une place intermediaire. L'artic.

4. du titre 6. de l'Edit de commerce
ne specifie pas sur quelle place le re.
tour sera fait, pour rendre le Tireur
debiteur du rechange, au lieu de l'interêt ; & cette détermination du lieu
portée par l'article 5. ne sert que
pour fixer la maniere dont le rechange est dû , & le reduire à ce qu'il
doit être, & non pas pour le détruire.

28 Pour ce qui est des rechanges
qui se pratiquent dans les deux cas
rapportez par le Sieur Savary, ils ne
peuvent souffrir de difficulté, parce
que dans ces deux cas, ce sont purement des negociations contenant
des commissions pour raison dequoy
les Porteurs des Lettres de change,
qui sont les Commissionnaires , ont
leur action contre les Commet-
tans pour le remboursement de tout
ce qu'ils souffrent par la faute du
Commettant , qui est le Tireur.

29 Et dans le dernier cas, ce sont
des conventions que les parties ayant
une fois consenties, elles ne peuvent
se dispenser d'executer.

MAXIMES.

1 Le Porteur qui n'eſt pas proprietaire de la Lettre de change proteſtée faute de payement ne peut que la
renvoyer à ſon auteur, & repeter les
frais du proteſt & ſa proviſion.

2 Le Porteur proprietaire de la
Lettre de change proteſtée faute de
payement peut : *Primà*, Se faire payer
outre la ſomme principale les frais
du proteſt. *Secundà*, Il peut tirer en
la Ville d'où la Lettre de change eſt originaire, & non autre, la
ſomme principale, les frais du proteſt, ſa proviſion, le courtage, & le
prix du nouveau Change, qui s'appelle rechange.

3 Lorſqu'il n'y a pas de negoce reglé entre la place d'où la Lettre eſt
tirée, & celle où elle eſt payable; le
rechange des places intermediaires
eſt dû.

4 Lorſque le Tireur a donné pouvoir de negocier ſa Lettre ſur diverſes places; le rechange deſdites places eſt dû.

CHAPITRE XVI.

Contre qui le Porteur peut exercer ses
droits pour le remboursement d'une
Lettre de change protestée faute de
payement, & de ses dommages
& interêts.

1   LE Porteur peut exercer ses
droits pour être remboursé,
tant du principal que des dommages
& interêts liquidez, suivant qu'il a
été expliqué dans le Chapitre precedent contre tous ceux qui sont compris dans la Lettre de change, soit
pour l'avoir acceptée, soit pour avoir
mis des ordres, ou pour avoir donné
la valeur, quand il demeure du croire ; c'est-à-dire, qu'ils garantissent
la solvabilité, soit pour l'avoir tirée,
& même pour avoir donné ordre de
la tirer, s'il y en a la preuve ; tous
lesquels sont obligez solidairement,
c'est-à dire, au total de la dette, tant
en principal, interêts que dommages,
interêts & dépens, sans aucun bene-

fice de division ny de discution ; ensorte qu'il peut agir contre celuy qu'il
veut, & ensuite retourner aux autres, & même il peut agir en un même-temps, & tout à la fois contre
tous.

2 Il peut agir contre celuy qui l'a
acceptée ſ en vertu de son acceptation, qui est une stipulation formelle
par laquelle il est obligé de payer ;
c'est la disposition formelle de l'artic.
11. du titre 5. de l'Edit de commerce.

3 Il peut agir contre le Tireur t qui
est obligé solidairement avec l'Acceptant, même aprês l'acceptation,
si cet Acceptant ne paye pas, & laisse
protester faute de payement.

4 Celuy qui a donné la valeur de
la Lettre de change u, & ceux qui

ſ Ex acceptatione oritur obligatio oritur obligatio, quia
perinde est ac si se solemni stipulatione solutorum se ob-
strinxisset. *Rota Genuenſ. deciſ. 104. num. 9.*

t Scribens Litteras cambii tenetur in solidum cum eo,
cui sunt scriptæ etiam post acceptationem. *Rota Genuenſ.
deciſ. 2. num. 41.*

Acceptante Litteras cambii non solvente, factáque protestatione licitum esse præsentatori Litterarum regredi
adversus scriptorem Litterarum. *Rota Gen. deciſ. 8. n. 19.*

u Remittentes tum demum sunt liberati cum Litteræ
cambii effectum sortiantur & secuta sit solutio. *Rota Genuenſ. deciſ. 2. num. 10.*

l'ont donnée pour les ordres font tenus comme Remetteurs, quand ils
demeurent du croire, parce que c'eſt
par leur fait que la Lettre de change
a paſſé au Porteur ; & ils ne peuvent
être liberez que lorſque la Lettre de
change eſt payée, & lorſqu'elle né
l'eſt pas, ils ſont obligez à la garantie.

5 La raiſon eſt, qn'en donnant la
valeur en leur nom, ils ont acquis
la proprieté de la Lettre de change,
& que ceux à qui ils veulent qu'elle
ſoit payable ne deviennent proprietaires que par leur moyen, comme il
a été expliqué au Chapitre huitiéme.

6 C'eſt pourquoy les Commiſſion-
naires qui ne veulent pas être garants des Lettres de change qu'ils
prennent pour le compte d'autruy,
font mettre valeur de celuy pour
compte de qui ils la prennent par
leurs mains.

7 L'on pourroit comprendre ſous
le nom des Remetteurs ceux qui ont
mis des ordres ˣ ; mais puiſque l'action

x *Les Porteurs pourront auſſi par la permiſſion du Iuge ſuiſir les effets de ceux qui auront endoſſé ou tiré les*

du Porteur contre eux eſt nommé-
ment établie par les articles 12. & 13.
du titre 5. de l'Edit de commerce ; il
eſt ſuperflu de s'attacher à la compa-
raiſon.

8 Mais quoi-que l'Edit de commerce ne ſoit fait que pour le Royaume,
la même juriſprudence s'obſerve par
tout, parce qu'elle eſt conforme à l'é-
quité, à la diſpoſition de la Loy y, &
à l'uſage de la Rote de Gennes, qui
eſt d'une tres-grande conſideration
dans les matieres de commerce. Auſſi
en ce fait, comme le Porteur ne prend
la Lettre de change, ſoit en payement ou pour la valeur qu'il en donne, que dans l'eſperance qu'elle ſera
bien payée, lorſqu'elle ne l'eſt pas,
il eſt tres-juſte qu'il ait ſon recours

Lettres , encore qu'elles ayent été acceptées , &c. Art. 12.
*Ceux qui auront tiré ou endoſſé les Lettres ſeront
pourſuivis en garantie , &c.* Article 13. titre 5. de l'Edit
de commerce.

y Si Litterarum Auxenonis contemplatione , quas ad
Ariſtonem de numeranda tibi pecunia dederat , recepiſſe
te debitum ab Ariſtone , mandato non impleto , cum petitio debiti maneat integra , nihil legitimam exactionem
impedire poteſt. *L. 23. Cod. de ſolutionibus.*
Ita demum ſunt ab obligatione diſſoluti , ſi Littera effectum habuerit. *Rota Genuenſ. deciſ. 2. num. 10.*

contre celuy qui la luy a donnée, &
il ne feroit pas jufte que l'Endoffeur
profitât à la perte du Porteur.

9 Si dans la Lettre de change il eft
dit ; & mettez à compte d'un tel z, qui
eft celuy qui aura donné l'ordre de
la tirer, fi le Porteur en avoit la preuve, comme il a été dit cy deffus : en
cas que la Lettre de change fût proteftée faute de payement, le Porteur
pourroit agir contre luy, parce qu'a-
yant été la caufe que la Lettre de
change eft tirée, il eft tenu du défaut
de payement.

10 Mais s'il n'en étoit fait aucune
mention dans la Lettre de change,
quoi-que le Porteur eut la preuve de
l'ordre, il ne pourroit agir contre celuy pour compte de qui la Lettre de
change auroit été tirée, qu'en exerçant les droits du Tireur, à qui celuy pour compte de qui la Lettre de
change a été tirée, eft obligée ; &
pour cela, il faudroit avoir fes droits

z Si Litteras ejus fecutus, qui pecuniæ actor fuerit,
ei qui tibi Litteras tradidit, pecunias credidifti, tam condictio adverfus eum, qui à te mutuam fumpfit pecuniam, quam adverfus eum, cujus mandatum fecutus es,
mandati actio tibi competit. *L. 7. Cod. Mandati.*

cedez,

cedez, ou l'avoir difcuté auparavant;
& encore celuy pour compte de qui
la Lettre de change eft tirée pourroit
oppofer toutes les exceptions au Porteur qu'il pourroit oppofer au Tireur.

11 Ceux qui ont mis des ordres ne
font pas recevables à oppofer contre
la garantie qui leur eft demandée,
que ce n'eft pas pour leur compte
qu'ils ont mis l'ordre; mais par commiffion, ou pour prêter leur nom : car
en cette matiere de garantie l'on s'attache aux termes de la Lettre de
change; & il a été ainfi jugé par Arreft du Parlement de Paris du 21.
Avril 1676. entre les Sieurs Rolland
& Gafparini, d'une part, & les Sieurs
Riggioly d'autre.

12 Le fait étoit que le Sieur Jo-
feph Maris de Barcellonne avoit é-
crit au mois de May 1672. aux Sieurs
Riggioly qu'ils recevroient pour fon
compte quelques effets qu'il avoit ordonné à Marfeille de leur envoyer,
& qu'il les prioit d'en remettre le pro-
venu à Amfterdam par Lettre payable à l'ordre de luy Maris.

N

13 Les Sieurs Riggioly prirent au mois de Juin deux Lettres de change des nommez Sollicoffre de deux mille écus payables à Amſterdam par Jean Froment à l'ordre d'eux Riggioly à deux uſances, pour valeur d'eux.

14 En execution de la commiſſion, les Sieurs Riggioly mirent leur ordre en faveur de Joſeph Maris, & luy mit le ſien au profit des Sieurs Parenzi & Bandinuchi.

15 Ces Lettres furent acceptées; mais pendant le delay de deux uſances, pour en exiger le payement, Jean Froment l'Accepteur, & les Sollicoffre Tireurs faillirent à leurs Creanciers; ce qui donna lieu à un proteſt faute de payement du 17. Aouſt 1672. en vertu duquel Maris ayant intenté ſon action en garantie pardevant les Juges Conſervateurs de Lyon, & la cauſe portée à l'Audience, il en fut deboutté par Sentence du 7. Juillet 1673. ſur ce que les Sieurs Riggioly ſoûtinrent n'avoir pris les Lettres en queſtion que par commiſſion.

16 Mais en ayant interjetté appel,

& cedé ſes droits aux Sieurs Rolland
& Gaſpariny , ils ſoûtinrent que les
Sieurs Riggioly étoient obligez à la
garantie de ces Lettres de change, &
des dommages & interêts, tant parce
qu'en ayant donné la valeur de leurs
deniers, ils en avoient acquis la proprieté ; que par leur ordre ils en a-
voient fait une ceſſion, laquelle les
obligeoit à la garantie ; que la commiſſion ne demandoit pas qu'ils fiſſent
mettre , que la valeur étoit reçuë
d'eux, encore moins qu'ils fiſſent faire la Lettre payable à eux-mêmes ,
qui étoient des actes qui les rendoient
proprietaires de la Lettre de change;
que ſi ils avoient employé ces Lettres
pour l'execution de la commiſſion,
cela ne les diſpenſoit pas de la garantie à laquelle ils étoient tenus , de
même, que s'ils avoient negocié avec
quelque-autre. Enfin, après une pro-
cedure tres-longue & embaraſſée ,
qui ne ſe reduiſoit pourtant qu'à ce-
là, intervint Arreſt le 21. Avril 1676.
au Rapport de Monſieur Canaye ;
Monſieur de Noujon Preſident , par
lequel la Sentence fut infirmée, & les

Sieurs Riggioly condamnez à payer
aux Sieurs Rolland & Gaspariny Cessionnaires de Maris, les deux mille
écus contenus aux Lettres de change, avec les interêts depuis le protest
jusques à l'actuel payement.

17 Il faut pourtant observer que
si celuy de qui la valeur est déclarée,
desavouëoit de l'avoir donnée n'avoit
pas envoyé la Lettre de change à celuy à qui elle est payable, & que le
tout eût été fait sans son consentement & à son insçû, comme il est arrivé quelquefois, & notamment dans
l'affaire d'entre Philippes Martin &
Henry Barchaux, dont il est parlé
au Chapitre 13. que Jacob Vas d'Ambourg avoit déclaré dans la Lettre de
change par luy tirée sur Philippes
Martin, qu'il en avoit reçu la valeur
de Bernard Guise, quoi-que Guise
n'en sçût rien ; en ce cas, celuy qui
seroit appellé en garantie, comme en
ayant donné la valeur, seroit tres-
bien fondé à desavouër une pareille
énonciation : & si l'on n'avoit pas de
preuve qu'il y eut consenty, il n'en
pourroit pas être tenu.

18 Si un de ceux qui ont mis de ordres, ou donné la valeur pour quelqu'un des ordres paye au Porteur de la Lettre de change protestée faute de payement, il entre en tous les droits du Porteur, tant contre le Tireur, l'Accepteur, ceux qui ont mis des ordres & donné la valeur des ordres anterieurs à luy ; c'est-à-dire, contre tous ses auteurs, ainsi qu'il a été expliquê au Chapitre neuf.

19 Cette action solidaire pour la Lettre de change acceptée & protestée faute de payement contre l'Accepteur, le Tireur & les Endosseurs, est universellement reçuë sans contestation, tant qu'il y a quelqu'un de ces obligez qui est solvable, & qui subsiste en état de pouvoir souffrir les contraintes avec effet. Mais lorsque tous ces Debiteurs, c'est-à-dire le Tireur, l'Accepteur & les Endosseurs ont tous failly à leurs Creanciers, soit qu'ils se soient absentez, ou qu'ils ayent demandé terme & diminution de leur dette, il y a nombre de gens dans le commerce qui sont d'avis que le Porteur ne puisse

pas exercer son action solidaire contre toutes les directions, & sur les effets de tous ces Debiteurs ; mais qu'il est obligé & a la liberté d'en choisir un, ou l'Accepteur, ou le Tireur, ou un Endosseur, & que recevant la portion convenuë par celuy qu'il aura choisi, avec la pluralité de ses Creanciers, la direction entre en ses droits de la Lettre de change, pour agir contre un de ceux contre qui il avoit recours, & ainsi de suite. Mais que tous ceux qui ne sont pas choisis par le Porteur, sont liberez à son égard de plein droit, & que même tous ceux qui ne sont pas choisis par celuy que le Porteur a choisi, sont liberez à son égard, & ainsi de suite.

20 Nombre d'autres habiles gens dans le commerce, & particulierement ceux qui ont eu des transports & autres actions resultantes des actes passez devant Notaires, sont d'un avis contraire ; car ils tiennent que le Porteur ayant une fois tous les Debiteurs, qui sont l'Accepteur, le Tireur & les Endosseurs pour obligez solidairement, il peut exercer son

action contre tous à proportion , &
qu'aucune direction, ny aucun Creancier ne l'en peut empêcher.

21 J'ay crû ces deux avis si oppo-
fez, si considerables, qu'ils meritoient
bien d'être approfondis ; c'est pourquoy après en avoir raisonné avec
tous ceux que j'ay eu l'honneur de
connoître , & que j'ay crû avoir le
plus de lumieres ; je me suis avisé de
penetrer cette question autant qu'il
me seroit possible, & pour cet effet,
de proposer un fait à consulter, re-
vêtu de toutes les circonstances que
j'ay pû imaginer , ou qui m'ont été
proposées, de rapporter exactement
toutes les raisons que j'ay apprises de
chaque party, & ensuite de consulter sur le tout par rapport aux principes de l'équité, de la Loy , & des
Ordonnances : Mais parce que souvent l'amour propre nous éblouït,
crainte d'un pareil accident, j'ay prié
Mre Jean Baptiste Perrin Avocat, d'un
mérite assez connu, qui me fait l'honneur de m'aimer, de vouloir être mon
guide, ce qu'il m'a accordé fort ge-
nereusement , & après avoir redigé

nos fentimens de les figner, comme
il feront rapportez cy-aprês.

22 Mais parce que quelqu'un de
l'avis de l'option m'avoit dit que dans
une pareille rencontre Mr de Fourcroy avoit été confulté & d'avis de
la neceffité de l'option, fçachaut que
l'on ne peut donner fon avis que fur
ce qui eft propofé ; j'ay jugé que je
dévois foûmettre cette confultation
à fa cenfure : Et quoi-que ces occu-
pations m'ayent fruftré de fon avis
fur tout le détail, j'ay eu l'avantage
qu'il a été d'avis que le Porteur ne
pouvoit pas être obligé à l'option,
comme l'on verra par fa confultation
cy-aprês ; & c'eft le point effentiel.

23 Quelques raifons que je me dif-
penferay de dire m'ont obligé à con-
fulter Monfieur Chuppé ; & fa maniere obligeante l'ayant porté à vouloir conferer avec moy plufieurs fois
pendant plufieurs heures, s'étant ap-
perçu quel étoit l'ufage que je vou-
lois faire de cette confultation, il a
porté fa generofité à l'excês, & m'a
donné des marques de bonté que je
ne fçaurois reconnoître.

24. Les Porteurs des Lettres de change acceptées, dont tous les Debiteurs font faillis, trouveront icy leur droit éclaircy, & leur conduite affez bien prefcrite; & fi les Creanciers des Debiteurs faillis veulent les reduire à la neceffité de l'option, il faudra qu'ils découvrent des fondemens nouveaux, & pourvû qu'ils foient conformes à l'équité, ils feront toûjours fort bien reçus.

MEMOIRE POUR CONSULTER.

A Amſterdam le 15. Février 1688. pour écus 4000.

MONSIEUR,

A deux uſances, il vous plaira payer par cette pre-mière Lettre de change à l'ordre de Monſieur Sebaſtien de Paris la ſomme de quatre mille écus, pour va-leur en compte, & mettez à compte, comme par l'a-vis de

   Vôtre tres-humble & tres-affectionné ſerviteur.
A Monſieur,   *Barthelemy.*
Monſieur Jacques.
  A Roüen,
    Accepté à Roüen ce premier Mars 1688.
      Jacques.

Et pour moy payez le conte-nu de l'autre part à l'ordre du Sieur Tho-mas, pour va-leur reçue com-ptant dudit Sr. A Paris, ce 10. Mars 1688.   *Sebaſtien.*

Avant l'écheance tous ces Debiteurs; ſçavoir.

Barthelemy, Tireur.	*Ont tous failly à leurs Crean-*
Jacques, Accepteur.	*ciers, avec leſquels ils ont paſſé*
Sebabien, Metteur d'ordre.	*des contracts ſéparément, avec*
	établiſſement des Directeurs dans
	chaque faillite.

. Thomas a fait faifir les effets de chacun defdits Tireur, Accepteur & Metteur d'ordre. Les Directeurs des Creanciers de Barthelemy. Tireur ont fait affigner Thomas à Amfter-dam pour l'homologation de leur con-tract, & voir dire qu'il feroit tenu de donner main-levée de fa faifie, confentir les termes & remifes por-tez par ledit contract, & reftituer ou rapporter la Lettre de change, afin de parvenir à une contribution.

Les Directeurs des Creanciers de Jacques Accepteur, ont fait affigner Thomas aux Confuls de Roüen, pour confentir de même l'homologation de leur contract.

Et les Directeurs des Creanciers de Sebaftien, Metteur d'ordre, ont pa-reillement fait affigner Thomas au Parlement de Paris, pour l'homologa-tion de leur contract ; & ont pris les mêmes conclufions que les precedens Directeurs.

Sur la demande des Directeurs de Barthelemy, Tireur, Thomas a dé-fendu qu'il n'étoit point obligé d'en-trer dans le contract ; parce qu'ayant

pour obligez solidaires tant ledit Barthelemy, Tireur, que Jacques, Accepteur, & Sebastien, Endosseur ; on
ne le pouvoit point contraindre à
consentir purement & simplement des
remises & des termes, n'entendant
point diviser ses Debiteurs, ny se départir des actions qu'il a contre eux
tous solidairement, par le moyen desquelles il a la faculté de prendre dans
tous leurs effets jusques à la concurrence de ce qui luy est dû en principal, interêts, frais & dépens, même
des dommages & interêts qui luy sont
dûs, faute d'avoir été payé dans le
temps de la Lettre de change.

Et en même-temps il a sommé &
dénoncé aux Directeurs des Creanciers de Jacques & Sebastien les poursuites contre luy faites par ceux de
Barthelemy, afin qu'ils veillent à leurs
interêts, & à le faire payer entierement & solidairement de son dû.

Les Directeurs au contraire ont
soûtenu que Thomas devoit entrer
dans leur contract, & qu'il n'avoit
pas la liberté d'agir solidairement
contre lesdits Tireur, Accepteur &

Endoſſeur; mais qu'il devoit opter ſeulen..nt des deux premiers, l'un d'eux ſans ſolidité; c'eſt-à-dire, d'entrer dans l'un des trois contracts dont il vient d'être parlé.

Delà ſe forme une queſtion, de ſçavoir ſi Thomas peut entrer dans ces trois directions, par reſpect au Tireur, Accepteur & Endoſſeur, qu'il dit luy être tous obligez.

Les raiſons ſur leſquelles les Directeurs des creanciers ſe fondent, conſiſtent en pluſieurs propoſitions,

Dont la premiere eſt : Que l'action de Thomas, Porteur de la Lettre de change, ſoit contre le Tireur, ſoit contre l'Accepteur, ſoit contre l'Endoſſeur, n'eſt pas ſolidaire, ny par l'Ordonnance, ny par l'uſage, ny par la raiſon : Qu'il n'y a point d'obligation ſolidaire du Tireur, du Donneur d'ordre, & de l'Accepteur ; que la preuve en eſt, en ce que la Lettre de change revenant à proteſt, le Porteur exerce ſa garantie contre celuy qui a paſſé la Lettre de change à ſon profit ; que s'il y a plu-

fieurs ordres fur la Lettre de change, ce n'est qu'en exerçant les droits
de fon Endoffeur, & ainsi de fuite,
qu'il remonte jufques au Tireur ; que
les articles 11. 12. 13. 15. 16. & 17. du
titre des Lettres de change de l'Edit
de commerce le décident ; que si ces
articles permettent de faifir les effets
des Tireurs, des Endoffeurs & des
Accepteurs, auffi-bien que de les
pourfuivre, foit comme Debiteurs
principaux, foit en garantie pour le
tout. Ils ne peuvent pas avoir d'application en ce fait ; mais feulement
quand le Debiteur, l'Accepteur &
le Donneur d'ordre exiftent dans le
commerce; qu'ils n'ont point fait faillite, & qu'ils font tous en état de
payer ; que puifqu'il n'y a que des fim-
ples garanties les uns envers les autres, & non de folidité. Il ne faut
pas en agir comme si le Tireur, le
Donneur d'ordre & l'Accepteur é-
toient obligez d'une obligation folidaire, un feul & pour le tout, fans
dlvifion ny difcuffion, & que l'on ne
peut agir que par l'action en garantie des uns envers les autres fucceffi-
vement.

La seconde proposition de ces Directeurs de Creanciers est, qu'il faut preferer le bien general au bien d'un particulier ; que s'il étoit permis au Porteur de saisir dans chaque faillite, il arrêteroit des effets le triple de sa dette, ce qui seroit d'un extrême préjudice à la generalité des Creanciers.

La troisiéme proposition desdits Directeurs est, que c'est une maxime que la condition de tous les creanciers Chirographaires doit être egale ; que le Porteur d'une Lettre de change ne seroit pas d'egale condition aux autres Creanciers, s'il entroit dans chaque contribution.

La quatriéme proposition desdits Directeurs est, qu'un Porteur de Lettre de change, signant les contracts, du Donneur d'ordre, de l'Accepteur & du Tireur, commet plusieurs abus qu'il ne faut pas souffrir.

EXEMPLE.

Le Porteur a signé le contract du Donneur d'ordre à la moitié de remife, & terme pour payer l'autre moitié, comme Creancier de 12. mille livres, total de la Lettre ; deux mois après fur la procuration du même Porteur, le contract d'accord du Tireur eft encore figné comme Creancier de douze mille livres, total de la Lettre de change à pareille remife de moitié.

Enfin, deux mois après fur une pareille procuration du Porteur, le contract d'accord de l'Accepteur eft encore figné comme Creancier de douze mille livres, total de la Lettre de change à pareille remife de moitié.

Le Donneur d'ordre pretendant que la fignature que le Porteur a faite de fon contract, comme Creancier de douze mille livres, total de la Lettre de change fans referve ; eft une retroceffion par laquelle il eft entré en tous les mêmes droits qu'il avoit en cette Lettre de change avant fon ordre, a voulu les exercer, & figner le contract d'accord de l'Accepteur, & le contract du Tireur ; ce que ny l'Accepteur, ny le Tireur n'ont pas voulu fouffrir, foûtenant que le Porteur

teur ayant tous les droits de ce Donneur d'ordre par son ordre, ils n'ont
pû connoître que luy qui a consommé
la chose, & qu'ils ne peuvent pas être
Debiteurs deux fois d'une même Lettre de change. L'Accepteur qui n'a
point reçu de fonds (qu'on appelle
dans le negoce provision) pour payer
cette Lettre, & qui n'est pas Debiteur du Tireur devant être garanty
de son acceptation, qui l'a obligé de
recevoir le Porteur dans son contract
d'accord, & luy a acquis les droits de
la Lettre de change contre le Tireur,
a prétendu signer le contract d'accord du Tireur; ce qui luy a été re-
fusé par la raison precedente, que
non seulement le Tireur; mais même
luy Accepteur a employée, d'où il
s'ensuit qu'il est obligé de la suivre.

De ce fait l'on remarque plusieurs abus.

Le premier, que le Porteur recevant trois fois la moitié de 12000 livres par les trois contracts d'accord
qu'il a signez, il recevroit 18000 livres, quoi-qu'il ne soit Porteur que
O

d'une Lettre de change de 12000 livres.

Le second, que la remise que ce Porteur a faite au Donneur d'ordre & à l'Accepteur, ne leur produit aucun effet, si ce Porteur pouvoit entrer dans tous les contracts pour la somme entiere, parce que chaque Debiteur ne pouvant être obligé qu'une fois à la somme entiere, dès lors que le Porteur auroit traitté pour cette somme entiere, le Donneur d'ordre & l'Accepteur en seroient exclus.

Le troisiéme, que ce seroit admettre autant de stelionnats, que le Porteur fait par les signatures posterieures à celle du contract du Donneur d'ordre, si l'on souffroit qu'elles fussent reçuës.

La cinquiéme proposition desdits Directeurs est de dire que la raison qui decide la necessité au Porteur d'opter un seul des Debiteurs à son choix, resulte de ce que comme le Porteur ne peut agir contre le Donneur d'ordre qu'en garantie, & à la charge de retroceder la Lettre, il s'ensuit qu'il ne peut pas signer le

contract d'accord de l'Accepteur,
qui devient obligé du Donneur d'ordre, fans le confentement & au préjudice du Donneur d'ordre ; & de
même il ne peut figner le contract du
Tireur fans le confentement du Donneur d'ordre & de l'Accepteur, qui
ont leur recours de garantie contre
le Tireur ; que fi le Porteur le fait,
il fe rend non-recevable envers ce
Donneur d'ordre & cet Accepteur ;
& par confequent il eft vray de dire
qu'il n'a que la faculté d'opter, lequel des trois contracts il veut figner,
puifque d'un côté il faut qu'il retro-
cede, & d'autre côté il fe rend non-
recevable.

La fixiéme propofition defdits Directeurs des Creanciers, des Tireur,
Accepteur & Donneur d'ordre faillis
eft, que cette neceffité d'opter par le
Porteur, un feul des trois pour fon
Debiteur, eft d'un ufage étably non
feulement en France ; mais encore en
Angleterre, en Flandre, en Hollande, & que l'ufage doit être obfervé
comme une Loy.

La feptiéme propofition eft qu'il y
O ij

a eu plusieurs Sentences & Arrests;
qui ont jugé que le Porteur n'avoit
que l'option de l'un des Debiteurs
de la Lettre de change ; que ces Arrests ont la même autorité que la
Loy.

De la part de Thomas Porteur de
la Lettre de change , l'on pretend
que tous ces moyens des differens
creanciers du Tireur, de l'Accepteur,
& de l'endoffeur ne peuvent pas être
confiderez ; ce qu'il est facile de faire voir , en répondant à chacune de
leurs propofitions.

Pour la premiere, qui concerne l'a-
ction du Porteur contre le Tireur ,
l'Accepteur & le Donneur d'ordre.
Pour juger fi elle est folidaire, ou fi
elle ne l'est pas , il faut avant toutes chofes fçavoir ce que l'on entend
par ces termes (action folidaire) &
enfuite l'on verra aifément que l'a-
ction dont il s'agit a les proprietez
d'une action folidaire.

On entend par les termes d'action
folidaire le droit de pourfuivre chacun de plufieurs obligez à une feule
dette, pour le payement de la totali-

té de la dette ; enforte que toute la dette étant payée , foit par un feul foit par plufieurs, chacun des Debiteurs foit liberé ; & tant que toute la dette n'eft pas payée , aucun des Debiteurs n'eft liberé.

Il y a de deux natures d'actions folidaires.

L'une, dont la folidité eft reftrainte au profit du Creancier feul ; & à l'égard des obligez, elle eft divifible entre-eux , à moins qu'il n'y ait des actes par lefquels quelques-uns des obligez reconnoiffent que c'eft leur fait, & s'obligent de garantir les autres.

L'autre nature, dont la folidité eft radicale , & fe conferve entre les obligez des uns aux autres, en remontant par la generation de l'obligation.

Telle eft l'action qui vient d'une traitte de Lettre de change , d'une acceptation & de l'ordre d'une Lettre de change, de même qu'une conftitution de rente , de la vente que fait de cette rente celuy au profit de qui elle a été conftituée, & ainfi de fuite.

des reventes qui s'en font, parce que le dernier des Cessionnaires peut agir non seulement contre celuy qui luy a immediatement cedé ; mais encore en exerçant les droits dudit cedant immediat, & ainsi en remontant, il peut se pourvoir contre les autres cedans, & contre le Debiteur solidairement. Il en est de même d'une obligation du transport que fait le Creancier de cette obligation, de l'acceptation que fait de ce transport le Debiteur cedé. La difference qu'il y a entre ces sortes de transports & les Lettres de change est, que dans tout ce qui est des Lettres de change, de droit, la garantie est de fournir & faire valoir, & d'être tenu non seulement de la solvabilité de l'Accepteur lors de la traitte de la Lettre de change, ou du refus d'acceptation ; mais à toûjours, pourvû que les diligences soient faites dans les temps reglez ; au lieu que pour les rentes, obligations & autres natures d'affaires, l'étenduë de la garantie dépend des termes des diverses stipulations qui peuvent être imaginez par les Contractans ; ce qui

n'arrive pas dans les Lettres de change, qui étant toutes de la maniere de
celle dont il s'agit, dans leurs trait-
tes, acceptations & endoſſemens, ne
ſouffrent point de ſtipulations étrangeres & libertines, parce que la garantie y eſt toûjours uniforme.

Ce fondement poſé, il s'enſuit que
l'action ſolidaire en matiere de Lettre de change, eſt établie par l'Ordonnance, par l'uſage, & par la raiſon contre le Tireur, l'Accepteur &
l'Endoſſeur : Par l'Ordonnance, pour
en être convaincu, il n'y a qu'à lire
l'art. 11. du tit. 5. de l'Edit de commerce, qui porte qu'après le proteſt
celuy qui aura accepté la Lettre de
change, pourra être pourſuivy à la
requeſte du Porteur. L'article 12. permet au Porteur de ſaiſir les effets des
Tireurs & Endoſſeurs. L'article 13.
paſſe plus avant ; car il ordonne que
les Tireurs & Endoſſeurs ſeront pourſuivis en garantie (ce qui ne peut
être que ſolidairement) puiſque l'a-
ction en garantie ne peut être que ſolidaire. Les autres articles ſont de
méme ; & c'eſt une erreur de dire que

O iiij

ces articles ne peuvent pas avoir
d'application dans les cas de faillite
& banqueroutte; mais seulement
quand le Tireur, l'Accepteur & le
Donneur d'ordre existent dans le
commerce, qu'ils n'ont point fait faillite, & qu'ils sont tous en état de
payer : car non seulement les dispositions de ces articles sont generales
sans distinction d'état des Tireurs,
des Accepteurs,& des Donneurs d'ordre; & qu'ainsi, selon la maxime in-
violable, lorsque la Loy ne distingue
pas, il n'est pas permis de distinguer;
mais encore les faillites du Tireur,
de l'Accepteur, & du Donneur d'ordre ne peuvent pas changer l'état &
la nature de la Lettre de change, &
des actions qu'elle produit ; de maniere qu'il doit passer pour constant
que l'action solidaire du Porteur contre le Tireur, l'Accepteur & le Donneur d'ordre, est conforme à l'Edit
de commerce.

Elle est de même conforme à l'usage, parce qu'elle procede de la qualité de l'obligation de tous les Debiteurs. Et la preuve en est, en ce que

les Creanciers des Debiteurs faillis
conviennent qu'en cas de proteſt, le
Porteur revient en garantie ſur le
Donneur d'ordre, à ſon profit; & s'il
y a pluſieurs ordres, il remonte tant
contre les autres Donneurs d'ordres,
que contre le Tireur & l'Accepteur;
que ſi l'on dit que ce n'eſt qu'en exerçant les droits de ſon Donneur d'ordre, & ainſi de ſuite : bien loin que
cela détruiſe la ſolidité de l'action,
au contraire cela la démontre, parce
que d'un côté cela ne diviſe pas l'a-
ction; car le Porteur en remontant
demande le total de ce qui eſt dû de
la Lettre de change, & d'autre côté
en exerçant les droits de ſon Donneur d'ordre. Ce n'eſt pas au nom de
ſon Donneur d'ordre, ni en s'excluant
d'agir contre luy; mais c'eſt comme
ayant la proprieté de ſes droits en
ſon propre nom, & comme ayant un
recours pour la garantie formelle
qu'il peut exercer contre ſon Donneur d'ordre, quand bon luy ſemble,
ſans être obligé à aucune diſcuſſion.

Enfin l'action ſolidaire eſt de raiſon, puiſqu'il eſt raiſonnable que le

Tireur fasse valoir entierement la
Lettre de change dont il a reçu la valeur, avec les dommages & interêts,
nonobstant que d'autres que luy y
soient obligez ; à quoy il peut être
contraint par l'action solidaire. Il
est juste aussi que le Donneur d'ordre
fasse valoir entierement la Lettre de
change qu'il a venduë , de la bonté
de laquelle il est responsable jusqu'à
l'actuel payement, nonobstant encore que d'autres que luy y soient obligez ; à quoy il peut être contraint par
la même raison solidaire : Et enfin, il
est de raison que l'Accepteur accompli-
plisse entierement l'engagement qu'il
a contracté de payer la Lettre de
change, nonobstant que d'autres que
luy y soient obligez : & quand même
il n'en seroit pas le Debiteur originaire, ce qui produit contre luy une
action solidaire ; ainsi l'action du Porteur de la Lettre de change étant solidaire contre l'Endosseur , le Tireur
& l'Accepteur, de quelque maniere
que l'on la considere , il ne peut en
être privé en aucune façon, ny contraint d'opter, & de choisir d'entrer

dans la contribution d'un seul & abandonner les autres.

A l'égard de la seconde proposition des Directeurs des Creanciers sur la preference à faire du bien general au particulier, ils errent dans l'application de la maxime, & dans le fait : Dans l'application de la maxime, parce que cette preference du general au particulier, n'a lieu que lors du peril d'un navire, ou des maisons ; l'on jette les marchandises d'un particulier, ou l'on abat sa maison pour garantir les autres; ou bien lorsque pour le service du public, soit en faveur de la Religion, comme pour la construction d'une Eglise, d'un College, l'agrandissement d'un Cimetiere, des ruës, des chemins, pour les fortifications ou autres choses de pareille nature, l'on prend la maison d'un particulier, où lorsque dans la disette publique l'on oblige les Marchands de denrées ou autres choses necessaires à la vie, & ceux qui en font commerce, ou qui en ont quantité, à en soulager le public à un prix limité. Mais dans le cas de particulier à particulier, où

l'on a pris des biens de l'un de ces
particuliers, on le dédommage, & on
luy paye la valeur de ce que l'on luy
a pris ; ainſi pour faire une application de la maxime au fait d'un Porteur de Lettre de change, dont l'Accepteur, le Donneur d'ordre & le Tireur ſont faillis, & que l'on veut obliger d'opter & ſe départir de l'action
ſolidaire contre les autres pour un
prétendu bien general, il faudroit le
dédommager, puiſqu'il n'y a aucune
Loy ny aucune raiſon d'équité qui
puiſſe obliger un particulier à ſe de-
ſiſter de ſon droit en faveur d'autruy,
ſans en être indemniſé : au contraire,
tout le droit, la raiſon & l'uſage même ſont pour luy, & veulent qu'il
ſoit indemniſé ; & il n'eſt pas vray de
dire que la ſaiſie & arreſts que peut
faire ce Porteur dans toutes les contributions nuiſent aux autres Creanciers des faillis, parce que, ou c'eſt
par ſaiſie avant la contribution ; & en
ce cas, bien loin que cela puiſſe nuire
aux autres Creanciers, au contraire,
il ne peut que produire leur avantage en recherchant le ſien, puiſqu'il

eſt certain que les ſaiſies des effets du
failly ſont au profit generalement de
tous ſes Creanciers : ſi c'eſt lors de
chaque contribution , il eſt évident
que le Porteur de la Lettre de change ne peut pas recevoir plus que ce
qui luy eſt dû ; parce que dês la premiere contribution; il eſt du devoir de
celuy qui paye de faire quittancer la
Lettre de change de ce qui eſt payé:
& dans les autres contributions qui
ſuivent , l'on voit ſucceſſivement ce
qui a été payé , & par conſequent ce
qui reſte dû.

Pour ce qui eſt de la troiſiéme propoſition des Directeurs concernant
la maxime qu'ils alleguent, que dans
les faillites il faut que tous les Creanciers Chirographaires perdent également ; d'où ils concluent que le Porteur d'une Lettre de change , dont
l'Accepteur , le Tireur & le Donneur
d'ordre ont failly , doit opter un ſeul
des Debiteurs , parce qu'autrement
il ne perdroit pas également : C'eſt
une abſurdité , parce qu'il eſt ſeur
que les Creanciers Chirographaires,
qui ont pris plus de ſeureté que les

autres en profitent ; & par conſequent ne perdent pas tant que les autres. Ceux qui ont pris des gages ſuivant les Loix, les Ordonnances & les Coûtumes s'en prevalent, ſans être obligez de les communiquer aux autres Creanciers.

A l'egard de la quatriéme propoſition concernant les prétendus abus, il ne faut qu'examiner les exemples que les Creanciers du Donneur d'ordre, de l'Accepteur & du Tireur en ont rapporté, pour connoître d'un côté que ces prétendus abus ne peuvent pas arriver lorſque le Porteur d'une Lettre de change exerce ſon action ſolidaire contre chacun des Donneurs d'ordre, Accepteur & Tireur, par les voyes judiciaires, parce que chacun agit de rigueur & avec défiance ; & d'autre côté, que les abus que l'on a articulé ne procedent que du peu de conduite des parties, parce que le Donneur d'ordre pretendant que le Porteur de la Lettre de change, en ſignant ſon contract d'accord, luy en aye fait une retroceſſion: il devoit ſe faire remettre la Lettre de change, ne pouvant pas dans les regles les plus communes exercer aucun droit d'une Lettre de change, fans reprefenter le titre, qui eft effentiellement la Lettre de change. D'ailleurs le Porteur de la Lettre de change, pour ôter toute pretention de la retroceffion, s'il n'avoit pas intention d'en faire une, auroit dû en fignant le contract du Donneur d'ordre, referver par exprès les actions competentes contre le Tireur & contre l'Accepteur, & enfuite de même dans le contract de l'Accepteur. L'on voit donc que les pretendus abus propofez ne procedent pas de la nature de l'action folidaire du Porteur de la Lettre de change contre le Donneur d'ordre, l'Accepteur & le Tireur; mais de la pure faute & negligence des Parties : & que dans le fait qui a été rapporté, fi dans les contracts d'accords le Porteur fe fut obligé avec les referves qui fe pratiquent dans l'ordre judiciaire: Et fi le Donneur d'ordre, l'Accepteur & le Tireur avoient chacun pratiqué les précautions de l'ordre judiciaire, encore que le Porteur les eût poursuivis chacun pour le tout ; & suivant la proposition dont il s'agit il n'y auroit aucun abus, il n'auroit pas reçu dix-huit mille livres au lieu de douze, qui est le premier abus allegué, par-ce qu'au premier payement il auroit quittancé la Lettre de change de ce qu'il auroit reçu : & au second, il n'au-roit reçu que comme Creancier du restant, & non du total ; & quittan-çant encore, il n'auroit pû recevoir au dernier que comme Creancier de dernier reste ; & par consequent bien loin de recevoir dix-huit mille livres, il n'auroit pû recevoir que dix mille cinq cens livres.

A l'égard du second abus, pourvû que l'on le considere, il ne subsiste pas , parce que si le Porteur a reçu premierement du Donneur d'ordre , avant que de recevoir de l'Accepteur & du Tireur, le Donneur d'ordre au-roit pû & dû stipuler, & prendre ses mesures pour la restitution de ce qu'il auroit payé, en ce qu'il auroit la moi-tié de ce qui auroit dû rester des 12. mille livres, déduction faite de ce qui

auroit

auroit été payé par l'Accepteur &
par le Tireur, & l'Accepteur de même ; & par ce moyen chacun des Debiteurs auroit profité de la remise ;
car le Tireur en auroit profité des six
mille livres, parce qu'il n'auroit payé
que six mille livres, qui est la moitié
des douze mille livres de la Lettre de
change ; l'Accepteur en auroit profité de neuf mille livres, parce que la
Lettre de change n'étant en reste que
de six mille livres, il n'auroit été payé
que trois mille livres, qui est la moitié. Voilà l'effet de sa garantie contre le Tireur, qui est six mille liv.
& le profit des trois mille livres pour
la remise qui luy auroit été faite, &
le Donneur d'ordre en auroit aussi
profité de dix mille cinq cens livres,
parce que la Lettre n'étant en reste
que de trois mille livres, au moyen
du payement de six mille livres par le
Tireur, & de celuy de trois mille liv.
par l'Accepteur ; & par conséquent ne
payant que la moitié, ce n'est que
quinze cens livres, ainsi il auroit profité de dix mille cinq cens livres ; sçavoir, neuf mille livres, à cause des

deux garanties, & quinze cens livres pour la remife qui luy auroit été fai- te ; de maniere que le fecond abus ne fe trouve non plus que le premier dans l'action folidaire.

Le troifiéme abus, qui eft le fte- lionnat, s'y rencontre encore moins, parce qu'on voit que le ftelionnat ne pourroit venir que de la mauvaife foy du Porteur, de même que dans tous les autres contracts où il s'en commet ; & comme on troubleroit toute la vie civile fi l'on vouloit fuprimer la pratique de tous les con- tracts d'achapts & ventes, de prefts avec hypotecques, de conftitutions de rentes, à caufe qu'il s'y commet des ftelionnats ; auffi dans le commer- ce l'on choqueroit vifiblement la Juf- tice fi l'on ôtoit l'action folidaire à tous les Porteurs de Lettre de chan- ge, en cas de faillite de tous les De- biteurs, parce qu'il y a eu un Por- teur de Lettre de change qui a com- mis un ftelionnat ; ce qui feroit un ve- ritable abus nuifible au public & aux particuliers.

Outre cet abus il y en auroit

encore un autre tout visible, si
on vouloit contraindre le Porteur
d'une Lettre de change à l'option du
Donneur d'ordre, de l'Accepteur ou
du Tireur, parce que cette contrainte exposeroit le Porteur à des pertes
& des injustices inévitables ; car il
n'est pas toûjours vray que le Donneur d'ordre, l'Accepteur & le Tireur d'une Lettre de change ayans
tous failly, ils traittent tous à la moitié de remise, comme dans l'espece
cy-dessus, ny que ce soit pour un même terme & avec les mêmes seuretez,
souvent l'on voit que l'un traitte des
années avant les autres, que l'un traitte à un quart de remise, un autre à
un tiers, un autre à la moitié, un autre aux deux tiers, & même l'on en
voit qui traittent à payer le tout dans
un terme fort long. Les uns ne donnent point de seureté, les autres ne
donnent que l'obligation de leurs
femmes, & les autres en donnent de
tres-solvables ; les uns à l'ouverture
de leur faillite paroissent ne devoir
faire perdre que peu de choses, d'autres qu'il n'y a rien à esperer ; les au-

tres dont la fuite découvre des effets
divertis & cachez, ont un évenement
plus favorable que l'on ne croit ; &
d'autres par une feconde banqueroutte rendent leur contract illufoire.

Suppofé que les apparences foient
douteufes dans la faillite du Donneur d'ordre, qu'elles paroiffent em-
baraffées dans la faillite de l'Accepteur , & defefperées dans celle du
Tireur, fuppofé encore que le Donneur d'ordre traitte d'abord avec fes
Creanciers à payer au quart dans
deux ans de terme ; que le Porteur
de la Lettre de change opte d'entrer
au contract du Donneur d'ordre ; que
cependant peu aprês l'embarras de
l'Accepteur fe diffipe, & qu'il traitte au tiers payable par moitié dans
deux ans ; que le Donneur d'ordre
entre dans ce contract : & enfin que
par la découverte des effets du Tireur divertis & faifis, il foit obligé à
traitter à la moitié payable dans un
an. A l'écheance de la feconde année, aprês avoir reçu par adreffe en
rencontre d'affaire le dernier payement du tiers de l'Accepteur ; & a-

vant que d'avoir payé au Porteur de
la Lettre de change le dernier payement de son quart, fasse une seconde
faillite dont il ne se retire rien. Tous
ces faits supposez veritables, comme
l'on voit tres-souvent des banquerouttes semblables. Il s'ensuivroit
que si le Porteur étoit obligé d'opter, il souffriroit deux injustices qu'il
ne pourroit ny prévoir ny parer.

L'une est en ce que quand même le
Donneur d'ordre auroit été de bonne foy, comme il n'auroit payé que
le quart en deux ans, & auroit reçu
le tiers dans le même temps, l'option
feroit gagner au Donneur d'ordre
un douziéme, & à l'Accepteur un
sixiéme, dans une affaire où elle feroit perdre au Porteur les trois quarts.

L'autre injustice est, que cette option raviroit au Porteur les seuretez
qui luy sont acquises par la Lettre de
change, en l'obligeant d'en faire une
retrocession à celuy qu'il opteroit,
pour l'exposer à une seconde banqueroutte.

Puis donc qu'il n'y a point d'abus

dans ce que fait le Porteur de Lettre
de change qui exerce l'action folidaire contre le Donneur d'ordre,
l'Accepteur & le Tireur ; que les prétendus abus du Porteur de Lettre de
change qui entrent dans les contracts
d'accord, du Donneur d'ordre, de
l'Accepteur & du Tireur en vertu de
la folidité, peuvent être prévûs &
& parez, & que les abus qui viennent de la neceffité d'opter, à laquelle on veut obliger le Porteur d'une
Lettre de change ne peuvent être
prévûs ny parez. La raifon veut que
l'on maintienne le droit d'exercer
l'action folidaire, & que l'on fuprime
l'idée que l'on veut faire paffer pour
ufage d'obliger le Porteur d'opter.

La cinquiéme propofition des directeurs qui difent, que, parce que
le Porteur de la Lettre de change ne
peut agir contre le Donneur d'ordre
qu'en garantie, & à la charge de retroceder la Lettre de change, n'eft
pas univerfellement vraye ; de même
qu'encore qu'il foit vray que le Porteur de la Lettre de change ne puiffe pas figner le contract de l'Acce-

pteur, du Tireur, & même d'un Donneur d'ordre anterieur, sans le consentement du Donneur d'ordre posterieur, à peine d'être non-recevable à son recours contre ce posterieur. Il n'est pas vray que par cette maxime le Porteur soit obligé d'opter; car d'une-part il faut remarquer que toute personne qui agit en garantie n'est pas obligé de ceder au garant les autres seuretez qu'il a de la dette, que lorsque le garant qu'il a, le satisfait entierement; de même si un Creancier outre le garant de la creance a encore des gages, il n'est pas obligé de ceder au garant ses gages, quand il ne luy paye qu'une partie; d'autre côté, il n'y a point de consequence à tirer de la necessité du consentement du Donneur d'ordre au Porteur pour signer les contracts de l'Accepteur & du Tireur, pour induire une necessité au Porteur d'opter, parce que c'est la composition & la diminution des droits du Donneur d'ordre, qui se fait par la signature des contracts qui produit cette necessité, le Porteur ne pouvant retourner con-

tre le Donneur d'ordre posterieur ;
que les droits de la Lettre de change
ne soient entiers , & en état d'être
retrocedez sans alteration, si ce Donneur d'ordre est prêt de le satisfaire
entierement; ce qui fait que le Porteur
de la Lettre de change ayant signé
quelque contract de l'Accepteur du
Tireur ou du Donneur d'ordre anterieur, de sa pure autorité, il s'est
mis dans l'impuissance de retourner
contre le Donneur d'ordre posterieur , & l'a tacitement déchargé &
opté à son égard ; mais tant que le
Porteur de la Lettre de change ne
fait rien contre l'Accepteur le Tireur , le Donneur d'ordre anterieur
qui ne soit dénoncé au Donneur d'ordre posterieur , avec sommation de
poursuivre & faire mieux, qu'il ne
reçoit qu'avec protestation en pre-
sence du Donneur d'ordre posterieur , où duëment appellé , il pour-
suit les droits du Donneur d'ordre
posterieur dans toute l'étenduë dont
ils sont capables : Il ne les diminuë
point, il n'a tenu qu'audit Donneur
d'ordre de les faire mieux valoir s'il

pouvoit, pour lors le Porteur de la Lettre de change ne l'a point déchargé, & n'a rien fait qui le reduise dans une option.

Pour ce qui est de la sixiéme proposition fondée sur le pretendu usage dont les Directeurs se servent, en supposant que c'est une necessité au Porteur d'une Lettre de change protestée, lorsque l'Accepteur, le Tireur & le Donneur d'ordre sont tous faillis, d'en opter un seul sans pouvoir exercer son recours, il ne doit être d'aucune consideration.

Primò, Parce que c'est une question de fait, si cet usage est constant, ou peut être prouvé ; car comme c'est assez rarement qu'il arrive que l'Accepteur, le Tireur & le Donneur d'ordre fassent tous faillite en même-temps, que l'on ne trouve pas de faits semblables où le Porteur ait été obligé d'opter, sans avoir auparavant signé purement & sans reserve aucun contract de l'un d'eux : Que pas un Arrestographe ne rapporte de Jugement rendu sur pareil fait, par les circonstances duquel l'on puisse

juger s'il peut prouver un ufage, &
que depuis l'abrogation des Enquêtes
par Turbes, il eft impoffible de faire la preuve d'un ufage par témoins, fi
celuy dont il s'agit n'eft pas reconnu,
ne fe trouvant pas qu'il ne paroît pas
par aucun titre autentique, la preuve en eft prefque impoffible, & fans
preuve on ne peut l'admettre.

Secundò, Parce que fuppofé que cet
ufage foit conftant, c'eft encore une
queftion de fçavoir fi cet ufage eft
fondé en raifon, ou s'il y repugne;
il eft clairement prouvé par tout ce
qui a été remarqué cy-deffus, que ce
pretendu ufage n'eft point fondé en
raifon, puifque tous les moyens propofez pour l'établir, ou font mal établis, ou ne font pas raifonnables, &
qu'au contraire il refifte abfolument
à la raifon, par l'oppofition qu'il a
avec l'équité, & par les abus qu'il
introduiroit, comme étans impoffi-
bles à prévoir & à éviter.

Tertiò, Parce que cet ufage n'étant
pas fondé en équité ny en raifon,
quelque univerfel qu'il foit, & quelque ancien que l'on le pretende, il

doit être aboly dans tous les endroits
où l'on a de la confideration pour la
Juftice ; car fi les Loix veulent que
l'on ait des égards pour les ufages &
les coûtumes, elles veulent pourtant
que ce ne foit qu'entant que ces ufages & ces coûtumes font conformes à
la droite raifon ; mais fi ces ufages
font contraires à la raifon ou aux
Loix, elles ne veulent pas que l'on les
obferve ny que l'on s'y conforme.

La feptiéme propofition des Directeurs touchant les prétendus préjugez ne meritent prefque pas de réponfe, parce qu'on fçait que les Sentences & Arrefts que l'on pretend
avoir jugé la queftion dont il s'agit,
& avoir autorité de Loy , & dont il
n'en paroît aucun dans le public, fuppofé qu'il y en ait , ne doivent avoir
aucun credit : Il n'y a que les Arrefts
qui portent claufe d'être lûs , publiez & enregiftrez dans les Greffes,
& qui l'ont été , qui puiffent fervir
de Loy ; tous les autres Arrefts rendus fimplement entre particuliers
font de fort peu de confideration, à
l'égard de ceux qui n'y ont pas été

parties, parce que c'eſt une maxime
de droit que la choſe jugée ne peut
nuire à ceux qui n'y ont pas été parties, par la raiſon que bien ſouvent
il y a plus du fait des Parties, que de
celuy des Juges; ſoit par leur dol,
leur ſurpriſe, leur precipitation,
leurs propres actes, le défaut d'explication de leurs droits; ce qui fait
que bien ſouvent les queſtions ſont
jugées ſans être bien entenduës, &
même ſans être bien relevées; c'eſt
pourquoy ſuivant la maxime de Droit
il faut juger par les Loix, & non
pas par les exemples, ſingulierement
quand ils ne ſont pas conformes aux
Loix, comme ſeroient ceux par leſquels le Porteur d'une Lettre de
change, dont l'Accepteur, le Tireur
& le Donneur d'ordre ſont faillis,
auroit été obligé d'opter l'un d'eux
pour la pourſuite de ſon payement,
& abandonner les autres.

Sur toutes ces raiſons de part &
d'autre, l'on demande au Conſeil une
reſolution certaine ſur la queſtion generale de ſçavoir ſi le Porteur d'une
Lettre de change eſt obligé d'opter

l'un des trois, ou du Tireur, ou de l'Accepteur, ou de l'Endoſſeur, & qui décide auſſi ſur chacune des propoſitions & réponſes reſpectives.

LE CONSEIL SOUSSIGNÉ qui a vû le Memoire cy-deſſus, préſuppoſant le fait dans les circonſtances rapportées, eſt d'avis : Premierement, que Thomas Porteur de la Lettre de change de quatre mille écus tirée par Barthelemy d'Amſterdam ſur Jacques de Roüen, payable à Sebaſtien de Paris, qui a mis ſon ordre au profit dudit Thomas, & proteſtée faute de payement, a droit d'entrer dans les contributions à faire entre les Creanciers de Barthelemy, de Jacques, & de Sebaſtien de leurs effets, tant pour le principal que pour les dommages & interêts cauſez par le proteſt, ſans en pouvoir être empêché par les autres Creanciers, ny refuſé par aucun des debiteurs, ny obligé d'opter, & choiſir l'un d'eux ſeulement, & de ſe départir de ſon action contre les autres, pourvû que ledit Thomas ait fait le proteſt & les pourſuites en garantie dans les temps déterminez contre chacun des debiteurs, & qu'il n'ait fait aucun accord ou acte préjudiciable à ses droits, qui d'eux-mêmes subsistent dans toute leur étenduë, nonobstant les faillites de ces trois debiteurs.

Les raisons sont.

Primò, Que tout Tireur de Lettre de change est obligé à la garantie jusqu'à l'actuel payement de toute la Lettre de change, dommages & interêts, quoi-qu'elle ait été acceptée. *Rota Genuensis decis. prima num. 6. per L. 23. Cod. de solutionibus, & num. 21. & num. 38. decis. 2. num. 10. num. 11. & num. 41. decis. 4. num. 7. decis. 8. num. 18. & 19. Staccia de commerciis & Cambio, §. 2. Glossa s. quæstione 10. num. 322.* où il cite plusieurs decisions de la Rote de Rome, & finalement l'Edit de Reglement du commerce du mois de Mars 1673. titre des Lettres de change, article 12. & 13.

Secundò, Que l'Accepteur de la Lettre de change est obligé directement par l'engagement volontaire qu'il a

contracté par fon acceptation au
payement de toute la Lettre de change, que le proteft caufé par fon refus du payement, quand même ce feroit pour n'avoir pas reçu le fonds
promis pour le payer (que l'on appelle communément provifion) ne le décharge point. *L. 1. Cod. de conftitua pe-*
cunia. Scaccia loco cit. num. 327. au contraire, ce refus qui a donné lieu au
proteft augmente fon obligation pour
lefdits dommages & interêts. *Rota Ge-*
nuenf. decif. 104. num. 9. Et même l'E-
dit du commerce au même titre article 11. permet de pourfuivre l'Accepteur; confequence neceffaire qu'il
eft debiteur indifpenfable.

Tertiò, Que tous les Metteurs d'ordre font obligez à la garantie de la
Lettre de change, parce que leur ordre eft une efpéce de mandement à
l'Accepteur, & de ceffion & remife
au Porteur. *Mandato non impleto, cum*
petitio debiti maneat integra, nihil legiti-
mam exactionem impedire poteft. L. 23. Cod-
de folutionibus : Et la Rote de Gennes
employe cette Loy pour conclure, *De-*
bitores non erant liberati licet remiffam fe-

cerint, quia ita demum sunt ab obligatione dissoluti, si Littera effectum habuerit, decis. 2. num. 10. Et l'Edit de commerce aux articles cy-dessus, particulierement à l'article 13. statuë que les Endosseurs seront poursuivis en garantie. Il a même été jugé que quand les Metteurs d'ordre ne l'auroient fait que par commission, & sans avoir jamais eu aucune proprieté en la Lettre de change ; neanmoins ils étoient garants, à cause de leur signature & de l'ordre mis en leur rang, par Arrest du 21. Avril 1676. entre les Sieurs Rolland & Gasparini Porteurs de la Lettre de change protestée faute de payement, & les Sieurs Riggioly Metteurs d'ordre, les nommez Sollicoffres Tireurs, & Jean Froment Accepteur étans faillis.

Quartò, Quoi-que l'obligation de chacun des Debiteurs au total de la dette soit ce qui decide la question, & que le nom solidaire soit indifferent au fond de la question, pourvû que l'action puisse être exercée jusqu'au payement entier du total de la Lettre de change, dommages & interêts,

rêts, ainſi qu'il a été prouvé : Il eſt neanmoins bon d'obſerver que le nom de ſolidaire n'a jamais été refuſé à l'action que le Porteur d'une Lettre de change proteſtée faute de payement, a droit d'exercer, & a l'obligation du Tireur avec l'Accepteur. *Scribens Litteras cambii tenetur in ſolidum cum eo cui ſunt ſcripta, etiam poſt acceptationem. Rota Genuenſ. deciſ. 2. num. 41.* par la raiſon que *ſolidum eſt quod omnibus ſuis partibus conſtat, cui nihil eſt detractum;* ce qui eſt la juſte definition du mot, total. Ce que l'on objecte pour prouver qu'il n'y a point d'obligation ſolidaire eſt, qu'en cas de proteſt faute de payement, le Porteur revient contre celuy qui a paſſé l'ordre à ſon profit ; & que ce n'eſt qu'en exerçant les droits de ce Metteur d'ordre qu'il remonte contre les autres obligez, bien loin de détruire la ſolidité, ne peut ſervir qu'à la plus clairement démontrer ; car d'un côté le Porteur en commençant ſes pourſuites contre un ſeul, forme ſes concluſions à ce que celuy qu'il pourſuit ſoit condamné au payement du total.

Q

avec dommages & intérêts ; ce qui
prouve que l'action est solidaire, parce que si l'action n'étoit pas solidaire,
il ne pourroit pas prendre des conclu-
sions au payement du total, avec dommages & intérêts, qui est toute l'é-
tenduë de l'action solidaire, les con-
clusions ne pouvant pas avoir plus
d'étenduë que l'action ; d'autre côté
la Lettre de change acceptée étant
protestée faute de payement, c'est
l'Accepteur qui a la qualité de Debiteur, & le Porteur commençant ses
poursuites contre celuy qui a mis son
ordre, qui n'est que garant, il agit en
la maniere que l'on fait quand les obligez le sont solidairement ; que l'on
n'est pas tenu de discuter les Debiteurs les premiers, que l'on attaque
celuy des obligez que l'on veut avec
la faculté de revenir contre les autres, suivant les Loix 23. & 28. *Cod.*
de fidejuss. & si quand le Porteur remonte contre les autres Donneur
d'ordre, Tireur & Accepteur, il exerce les droits de celuy qui a mis l'ordre en sa faveur : ce n'est pas au nom
de ce dernier Donneur d'ordre ; mais

c'eft en fon nom de Porteur, & comme en ayant la pleine proprieté; ce qui eft confirmé par l'article 15. du même titre de l'Edit de commerce, en ce qu'il prononce la fin de non-recevoir de l'action en garantie par les Tireurs & Endoffeurs, contre le Porteur, en cas de negligence, qui eft une confequence dont il faut que la qualité de proprietaire des droits de la Lettre de change foit l'antecedent; d'où il s'enfuit que bien loin que l'on puiffe détruire l'action folidaire de ce que le Porteur remonte, c'eft une confideration qui la confirme; & les articles 11. 12. 13. 15. 16. & 17. du même titre des Lettres de change, ne détruifent pas la folidité de l'action que le Porteur d'une Lettre de change a contre les Debiteurs; au contraire, l'on peut y remarquer les principales proprietez de l'action folidaire dans leurs difpofitions, en ce qu'elles permettent de faifir les effets de tous les Debiteurs, comme dans les actions folidaires; & qu'elles laiffent au Porteur la liberté de commencer fes pourfuites, ou par l'Accepteur, ou

par le Tireur, ou par les Endoſſeurs,
ou par tous enſemble, qui ſont des
qualitez naturelles de l'action ſolidaire : Et comme les diſpoſitions de
ces articles ſont generales, ſans reſtriction ny diſtinction, ſi les Debiteurs ſubſiſtent, ou s'ils ſont faillis,
la reſtriction propoſée, que ces articles ne doivent être entendus que
quand les Debiteurs exiſtent, & non
quand ils ſont faillis, n'eſt pas conforme aux termes des diſpoſitions qu'ils
contiennent , qui ſont generaux ; &
qui par conſequent, *Generalia genera-*
liter intelligenda ſunt. Gottoff. in L. 1. §.
1. ff. de legat. præſt.

Quiniò, Il ne faut pas qualifier les
garanties auſquelles les Donneurs
d'ordre & les Tireurs ſont obligez,
du nom de garanties ſimples, parce
que ce ſont des veritables garanties
formelles de fournir & faire valoir.
mêmes ſans diſcuſſion ; les autoritez
cy-deſſus l'établiſſent, puiſque ſuivant ce qui a été rapporté , le Tireur
& les Donneurs d'ordre ſont obligez
juſques à ce que le payement de la
Lettre de change ait été entierement

accomply ; & les articles 15. & 16. du titre des Lettres de change de l'Edit de commerce levent toute la difficulté : car l'article 15. décharge les Tireurs & Donneurs d'ordre de la garantie de fournir & faire valoir, si les Porteurs n'ont pas fait les diligences portées par les articles precedens ; & l'article 16. oblige les Tireurs & Donneurs d'ordre à prouver que l'Accepteur avoit le fonds pour payer, sinon à garantir la Lettre de change, qui est l'effet de la garantie simple. Par toutes ces considerations : LE CONSEIL EST D'AVIS, que l'action du Porteur d'une Lettre de change contre le Tireur, le Donneur d'ordre & l'Accepteur, n'est pas moins solidaire que si elle procedoit d'une obligation & stipulation conjointe, avec les termes, solidairement un seul pour le tout, sans division ny discussion, avec renonciation à tout benefice de Droit.

Sexto, Il n'estime pas que les divers motifs qui sont proposez puissent produire aucune obligation au Porteur de changer la qualité de son action ; & au lieu du droit de poursuivre tous les Debiteurs folidairement, de fe renfermer à en choifir un feul, fans pouvoir agir contre les autres.

Parce qu'à l'égard du bien general, l'on ne peut pas dire que l'action folidaire du Porteur d'une Lettre de change proteftée faute de payement, étant exercée par les regles contre tous les Debiteurs, elle produife aucun préjudice au bien general; & même quand il feroit vray que le public fouffrit du préjudice en cela, ce que non, comme l'on ne pourroit pas reftraindre les droits du Porteur, qui font établis par plufieurs Loix & par un Edit, comme il paroît par ce qui a été dit cy-deffus, fans abroger ces Loix & cet Edit; cela ne fe pourroit pas faire fans l'autorité fouveraine, quelque fpecieux que parut ce bien. Il y a deux exemples de cette verité: Le premier par l'Edit du mois d'Aouft 1606. pour la validité de l'obligation des femmes, fans renonciation au Senatus-Confulte Velleyen, & autres Loix en leur faveur, qui en a prononcé une abrogation expreffe. Et le fecond par la Declaration du mois d'A-

vril 1664. qui a prononcé l'abrogation de la Loy Julie du fonds dotal
dans les provinces de Lionnois, Fo-
reft, Beaujollois, & Mâconnois ; mais
tant qu'il n'y a point d'Edit qui approuve & legitime le pretendu bien
general, il n'eft pas permis de le préfumer contre la Jurifprudence ordinaire.

La maxime que tous les Creanciers
Chirographaires doivent être égaux,
tirée de la Loy 7. *Cod. de bonis aut. jud.*
ne peut empecher le Porteur d'une
Lettre de change proteftée faute de
payement, d'exercer fon action folidaire contre tous les Debiteurs, parce que d'une-part cette maxime n'a
pas lieu contre les Creanciers, qui
ont pris plus de feuretez que les
autres, foit par des gages, foit par
des cautionnemens, ou autrement ;
c'eft une difpofition trivialle du
Droit, *L. pro debito, Cod. de bonis
aut. jud. poffit L. 10. L. 11. ff. de Pigno-
ribus & Hyp. L. 7. ff. de diftract. pig. &
L. 9. Cod. qui potiores.* Les Coûtumes
de Paris article 181. & autres : Elle
n'a pas non plus lieu contre les Crean-

ciers privilegiez. *L. 58. §. 1. ff. Mandati;* ce qui est confirmé par l'article 8. du titre des faillites & banqueroutes de l'Edit de commerce; ainsi le Porteur de Lettre de change ayant plus de seuretez qu'aucun Creancier particulier de chacun des Debiteurs. Cette maxime ne peut luy être opposée; & même pour en faire l'application, il faudroit admettre ce Porteur de Lettre de change dans chaque contribution, parce qu'il y a plusieurs corps de Creanciers réellement distincts & separez, de chacun desquels corps le Porteur de la Lettre de change est incontestablement un membre, puisque le Debiteur, qui est le sujet de ce corps, luy est solidairement obligé. Or il est certain que la maxime s'applique à chaque membre, & qu'elle s'applique dans tous les corps, & la pratique doit être que dans la contribution du principal Debiteur, qui est le Tireur ou l'Accepteur, le Porteur y entre pour le tout, & dans celle de l'autre pour le reste, deduction faite de ce qu'il aura reçu, & dans la contribution du

Donneur d'ordre pour le reste, les
deux déductions faites ; car c'est ainsi
que l'on doit entendre cette maxime.

Les abus resultans du fait rapporté pour exemple, ne peuvent pas produire de conséquence generale, parce que d'un côté ces abus ne peuvent
être commis que dans les signatures
des contracts, qui n'est pas le cas dont
il s'agit ; d'autre côté, ces abus sont
purement accidentels, & du fait des
Parties qui pouvoient aisément les
éviter & s'en garantir, & même le
mal qu'ils peuvent produire n'est pas
sans remede, le Donneur d'ordre pretendant que la signature que le Porteur faisoit de son contract d'accord,
étoit une retrocession de la Lettre de
change ; pour luy ôter les moyens de
commettre ces abus, il n'avoit qu'à se
la faire délivrer, & canceller son ordre, le Porteur sans titre n'auroit pas
pû agir contre l'Accepteur ny contre
le Tireur : Le Porteur de la Lettre de
change d'autre-part, pretendant que
sa signature du contract d'accord du
Donneur d'ordre ne l'empêchât pas
d'agir contre le Tireur & l'Acce-

pteur, il devoit faire une reserve expresse dans ce premier contract, que
sa signature ne dérogeroit point à ses
droits ; mais peut-être s'ils s'étoient
expliquez aussi clairement, le contract n'auroit pas été signé, & de même aux autres contracts, si cette conduite naturelle & commune avoit été
suivie, ces abus n'auroient pas été
commis ; & en l'état que le fait est
rapporté, le Porteur de la Lettre de
change ayant signé purement & simplement le contract du Donneur d'ordre, sans aucune reserve, il ne peut
pretendre que la moitié qui luy est
promise par ce contract, parce que
par le contract d'accord, l'ordre de
la Lettre de change, qui étoit la premiere cause de l'obligation du Donneur d'ordre, *ita nova constit. ut prior pe-*
rimatur, L.8. ff. de novat. ne subsiste plus;
car le Porteur, qui par la premiere
obligation auroit droit de poursuivre
pour le tout sans delay, & de saisir
les effets du Donneur d'ordre, s'en
depart par le contract d'accord, & se
contente que dans le temps accordé
le Donneur d'ordre luy paye la moi-

tié convenuë ; d'où il s'enfuit que le
Porteur ne peut pas retenir en fes
mains la Lettre de change, qui n'eft
plus un titre pour luy ; & que quand
elle paſſeroit pour un gage, il feroit
liberé par la novation refultante du
contract d'accord. *L. 11. §. 1. ff. de pign.
&c. & L. 8. ff. de nov.* & le Donneur d'ordre peut repeter, & pourfuivre la reftitution de fon gage. *L. 1. §. 6. ff. d. oblig.
&c.* fans que le Porteur s'en puiſſe défendre, fous pretexte que dans le contract d'accord il n'a pas déclaré qu'il
confentoit à une novation, & fe prévaloir de la Loy derniere. *Cod. de no-
vationibus*, parce que d'une-part la
Jurifprudence du Royaume a abrogé
cette Loy. Charondas livre 7. des
Réponfes Chapitre 74. Bugnion des
Loix abrogées Livre 6. numero 62.
& d'autre-part, dans tous les pays où
cette Loy n'eft pas formellement fup-
primée, la novation conjecturalle eft
reçuë, quoi-que l'on ne l'ait pas déclaré dans le contract : *Nam Doctores
omnes fatentur hodie novationem, etiam
induci ex vehementibus, ſ u perſpicuis con-
jecturis, quod fine dubio locum habet, quando ultimus contractus cum primo non com-*

patitur, tunc enim posteriora derogant prio-
ribus. L. pacta novissima, Cod. de pactis
Mantica de tacit. & ambig. convent. L. 17.
tit. 3. num. 12. & 13. Faber. Cod. lib. 8.
tit. 29. defin. 11.

Pour ce qui est du droit de retrocession de la Lettre de change qui appartient au Donneur d'ordre, quand
il est l'objet des poursuites du Porteur, l'on n'en peut pas conclure une
necessité d'opter par le Porteur generalement, de quelque maniere qu'il
veüille agir, ou judiciairement, ou
en signant, & consentant les contracts
d'accords, & dire ; ou en retrocedant
au Donneur d'ordre, il ne luy reste
plus d'action ; ou en voulant agir contre les garants du Donneur d'ordre,
il ne peut pas retroceder la Lettre ; &
par consequent il ne peut pas agir
contre le Donneur d'ordre, & ainsi à
l'égard des autres : car ce raisonne-
ment est défectueux, parce que tant
que le Porteur ne fera rien que judiciairement, le Donneur d'ordre n'a
point de droit de retrocession qu'entant qu'il paye entierement le Porteur. *Fidejussori solventi solidum ceden-*
da est actio contra fidejussorem. Paul. in

summar. L. 17. & Gottoff. indicta. L. ff. de fidejusoribus ; mais lorfqu'il ne paye pas entierement le Porteur de la Lettre de change, il a droit de pourfuivre les autres obligez jufques à fon entier payement ; & pourvû que par des dénonciations de ces pourfuites au Donneur d'ordre & autres, avec les proteftations, que c'eft aux rifques de fes obligez qui peuvent y avoir interêt, avec fommation de les faire valoir fi bon luy femble, fuivant la Loy 53. § 1. *ff. de evictionibus.* Le Porteur n'eft obligé que de tenir compte de ce qu'il en reçoit, & peut demander le refte; de même que quand un Creancier a difcuté le principal Debiteur avant la Caution, du vû & du fçû de la caution, & que le principal Debiteur ne fe trouve pas fuffifamment folvable, pour lors le Creancier n'eft pas obligé de faire aucune retroceffion à la Caution, & il ne laiffe pas d'avoir droit d'agir contre la Caution pour le furplus : Que fi le Creancier commence à agir contre la Caution, & qu'elle ne le paye pas entierement, il n'eft pas ob-

ligé de retroceder aucune partie de
l'obligation du principal Debiteur,
jufques à ce qu'il foit entierement
payé; après quoy, & non auparavant,
il eft obligé de retroceder à la Caution le refte de la dette, qu'il n'a pas
exigée de ceux qui font garants de
cette Caution; mais fi le Porteur a
figné quelque contract de l'un des
Debiteurs contre qui le Donneur
d'ordre a droit de recours, fans en
être convenu avec ce Donneur d'ordre, & fans être d'accord que c'eft
fans préjudice des actions qu'il a contre luy. Il n'y a pas de doute que par
fon fait & par fa faute, les Droits
de la Lettre de change n'étans plus
en entier, la ceffion feroit imparfai-
te, & le Donneur d'ordre fe défen-
dra à jufte titre, par l'exception du
défaut de ceffion d'action, & pour
lors ce n'eft point par option faite par
le Porteur qu'il a perdu fes actions
contre le Donneur d'ordre & autres;
c'eft par fa faute, pour avoir par fon
fait volontairement, & fans partici-
pation ny pouvoir, difpofé des droits
d'autruy.

L'ufage ne paroît pas étably, ny par des titres, ny avec des circonftances affez precifes pour paffer pour conftant, & pour fervir de fondement à là decifion du droit des particuliers, d'autant plus que dans ce pretendu ufage de contraindre un Porteur de Lettre de change proteftée faute de payement, lorfque tous les Debiteurs font faillis, d'en opter un, & abandonner les autres ; l'erreur & l'abus paroiffent l'avoir introduit, & non pas la raifon, comme dit la Loy 39. *ff. de Legibus;* de maniere que s'il étoit bien conftant qu'il y eut un tel ufage, il faudroit ne le plus fuivre, parce qu'encore que l'ufage foit de quelque autorité, ce ne doit pourtant pas être jufqu'à ce point, *ut rationem vincat, aut legem. L. 2. Cod. quæ fit longa confuetudo :* Auffi la Cour n'hefite pas lorfque l'on éclaircit les abus de quelques ufages introduits dans la Jurifprudence, même du commerce, de les corriger : Il y en a deux exemples dans le commerce du païs de Droit écrit, fur ce que dans les contracts de mariage, qui au lieu de Communauté entre mary & femme, portent donnation à la femme d'un augment de moitié par deſſus ſa dot, en cas de ſurvie.

L'uſage s'étoit introduit, qu'en cas de faillite du mary, la femme en reprenant ſes biens dotaux ſe faiſoit auſſi adjuger des biens pour ce droit d'augment, en donnant caution de rapporter aux Creanciers de ſon mary failly, en cas qu'elle vint à prédeceder. Il y a eu pluſieurs Jugemens & Arreſts qui l'ont ainſi ordonné; & cela a été executé juſques en l'année 1668. que des Creanciers mieux inſtruits de leurs droits ont repreſenté, que par les termes du contract de mariage, qui eſt le titre de la femme & la Loy des Parties, la joüiſſance du fond de cet augment n'étoit pas donné à la femme pendant la vie du mary; que par conſequent cette joüiſſance étant un effet du mary ſa vie durant, ſes Creanciers en doivent être ſaiſis; que tout uſage contraire aux conventions des contracts étoit un abus contraire aux Loix & à la raiſon; que bien loin de ſuivre il falloit

falloit abroger : Et par tous les Arrests intervenus depuis, la Cour a
toûjours ordonné que les Creanciers du mary joüiroient du fonds de
l'augment pendant la vie du mary,
en donnant Caution de le rendre à la
femme en cas de predeceds de son
mary. Arrest du 6. Septembre 1670.
entre Marguerite Carcavi, femme se-
parée de biens de Claude Bertier &
Antoine Guibert, & autres Creanciers dudit Bertier. Arrest du 19.
Juillet 1672. entre Antoinette Met-
tare, femme autorisée par Justice au
refus de François Badol, Loüis Raf-
felin & autres Deputez des Creanciers dudit Badol. Arrest du cinquiéme Septembre 1672. entre les Peres
Jesuittes du Noviciat d'Avignon &
autres Creanciers de Cesar de Ferra-
ry, & Françoise Orset sa femme.

L'autre exemple est sur une exten-
sion du privilege de preference à tous
Creanciers, accordé par divers Arrests aux femmes en païs de Droit é-
crit, pour le payement de leur dot &
augment sur les meubles de leurs maris, en cas de déconfiture : car les oc-

R

cafions s'étant prefentées, il s'étoit introduit un abus de preferer les femmes pour leurs dots & augments, fur les effets des focietez dans lefquelles leurs maris étoient affociez, aux Creanciers de ces Societez, à proportion de la part aferante à leurs maris. Le fondement de cet ufage étoit principalement fur la fuppofition d'un faux principe ; que les effets de la Societé appartiennent à chacun des Affociez, fuivant la part & portion qu'il a dans la Societé, autrement ils n'appartiendroient à perfonne ; ce qui ne peut être : Et fur ce faux principe, l'on adjugeoit à ces femmes des effets de la Societé pour la portion de leurs maris ; ce qui a été pratiqué jufqu'au mois de Janvier 1676. qu'il y a eu appel en la Cour de trois Sentences de la Confervation de Lyon, où la fauffeté de ce principe ayant été démontrée par les Creanciers de la Societé, & fait voir que les Affociez n'ont aucune proprieté divife des effets de la Societé, que par un partage ; que ce partage ne pouvoit être fait qu'après que les dettes de la Societé étoient

payées. *L. 27. & 28. ff. pro Socio*, parce
que la Societé n'a point de biens qu'a-
près la déduction de ce qu'elle doit.
*L. subsignatum §. bona & L. princeps bo-
na ff. de verb. sing.* Et par conſequent
que ces femmes des Aſſociez qui ve-
noient du chef de leurs maris, ne
pouvoient pas avoir plus de droit qu'-
eux, ne pouvoient prétendre qu'ils
euſſent aucune portion des effets de
la Societé, que les dettes de la Societé ne fuſſent payées ; que la raiſon &
le bon ſens faiſoient bien voir que les
effets de la Societé ne pouvoient pas
appartenir à chacun des Aſſociez, ſuivant la part & portion qu'il a dans la
Societé ; car en acheptant des marchandiſes ou autres effets pour la Societé, tous les Aſſociez ſont ſolidairement obligez au payement du prix
qu'elles coûtent, & par conſequent la
proprieté en doit être ſolidaire & in-
diviſe, autrement il y auroit de l'injuſtice ; parce que ſi chaque Aſſocié
avoit ſa portion en particulier, celuy
qui n'auroit point de bien pourroit
diſpoſer de ſa part à ſa volonté, &
les autres pourroient être contraints.

solidairement au payement du tout, quoi-qu'ils n'eussent pas la proprieté du tout ; ce qui ne peut pas tomber dans le sens : Et enfin, la Cour éclaircie de l'abus de cet usage, jugea qu'il ne devoit plus être suivy ; & par Arrest du 25. Janvier 1677. elle ordonna que les Creanciers de la Societé seroient payez par preference aux femmes des Associez sur les effets de la Societé. Monsieur de Fourcy President en la troisiéme des Enquestes, Monsieur Portail Rapporteur.

LA COUR passe plus avant ; car encore que les peuples veüillent s'obstiner à garder les dispositions de quelques articles de Coûtumes contre la disposition generale des Edits faits par les Rois pour tout le Royaume, elle ordonne precisément l'execution des Edits dans les païs regis par ces Coûtumes contraires, & qu'à cette fin ces Arrests seront lûs, publiez, l'Audience tenant, & enregistrez aux Sieges ; & enjoint aux Substitus du Procureur General, & aux Procureurs Fiscaux des Justices des Seigneurs de tenir la main à l'execu-

tion: C'eſt ce qui a été ordonné par
Arreſt du 7. Septembre 1688. rendu
entre Jean de la Faye & autres ; d'u-
ne-part, & Hilaire Charles Piet, Sei-
gneur de Beaurepaire, d'autre-part,
par lequel l'article 486. de la Coûtume d'Anjou eſt abrogé.

. Pour ce qui eſt des Jugemens & Arreſts par leſquels l'on prétend qu'il a
été jugé, que le Porteur d'une Lettre
de change proteſtée faute de payement, n'avoit que l'option & le choix
de l'un des Debiteurs de la Lettre de
change, contre lequel il pût exercer
ſon action. L'on n'eſtime pas que l'on
doive y avoir aucune conſideration
aux termes que les choſes ſont rapportées, parce que ce ne ſont pas des
jugemens & Arreſts qui ayent été rendus ſur les Remontrances & Concluſions de Meſſieurs les Gens du
Roy, qui portent la clauſe qu'ils ſeront lûs, publiez & enregiſtrez dans
les Greffes des lieux pour ſervir de
Loy, comme ceux rapportez par Monſieur Bouguier, lettre D. numero 14.
lettre E. numero 1. lettre S. numero
16. lettre T. numero 5. par Robert Li-

vre 2. Chapitre 10. par le Sieur Savary, dans ses avis & conseils, au parere
16. d'autant plus considerable en ce
fait ; que cet Arrest qui est du 21. Mars
1681. étoit pour fait de Lettre de
change, & par plusieurs autres; car les
Jugemens & Arrests rendus entre particuliers dans le cours ordinaire,
l'on ne les doit recevoir comme préjugez, qu'en tres grande connoissance
de cause, & que par le détail du fait
& de l'instruction, l'on ne puisse être
bien penetré qu'ils ont été rendus par
les maximes des Loix : *Cum non exem-
plis, sed Legibus judicandum sit. L. 13.
Cod. de Sentent. & interloc. omnium judic.*
Et que par la comparaison des faits
jugez par les Jugemens que l'on rapporte avec le fait à juger, l'on ne con-
noisse qu'il n'y a point de difference
qui merite un jugement different.

Resumant donc de ce qui a été remarqué cy-dessus, que Thomas a une
action solidaire contre tous les Debiteurs de la Lettre de change.

Qu'il n'y a aucun bien general, &
que même ce n'est par le cas de le preferer.

Que l'égalité entre les Creanciers d'une faillite se rencontre parfaitement dans l'exercice de l'action solidaire contre tous les Debiteurs de la Lettre de change.

Que les abus alleguez sont purement personnels, accidentels, faciles à éviter & à reparer.

Que le prétendu usage de l'obligation d'opter, comme contraire aux Loix & à l'équité ne doit être suivy.

Et que les Jugemens & Arrests prétendus donnez en cas semblables, dont le fait, l'instruction, ny par consequent la parité n'est pas connuë, ne peuvent être consiserez.

LE CONSEIL estime que ledit Thomas est tres-bien fondé, & ne peut être empêché d'agir solidairement contre tous les Debiteurs de la Lettre de change.

Secondement, en ce qui regarde la conduite à tenir, l'on suppose:

Primò, Que Thomas a fait faire le protest faute de payement le 26. Avril 1688. au plûtard, auquel jour échoyent les dix jours déterminez par l'article 4. du titre 5. de l'Edit

de commerce, à compter du lendemain de l'écheance, suivant la Declaration du Roy du 10. May 1686. car
il n'a pas dû se dispenser de cette for-
malité, quand même l'Accepteur auroit fait faillite avant l'echeance,
parce que le protest est une diligence necessaire qui ne peut être sup-
pléée par aucun autre acte, suivant
l'article 10. du même titre, & qui ne
doit pas être fait prématurement. *L.*
5. Cod. de hæred. act. parce que c'est
une demande, *præpostera petitio non ad-*
mittitur. Gottoff. indicta Lege 1.

Secundò, L'on suppose encore qu'il
a commencé ses poursuites en garantie au plus tard contre le Donneur
d'ordre le 15. May, que peut être
échû le delay de quinzaine depuis le
protest, & un jour pour cinq lieuës
au delà de dix lieuës, & dans le 26. Juin
que sont échûs les deux mois contre
le Tireur, le tout suivant l'article 13.
du même titre.

Tertiò, L'on suppose encore que
bien que l'Edit de commerce ne pres-
crive aucun terme pour faire ses poursuites contre l'Accepteur, elles n'au-

ront pas été negligées , & que contre chacun il aura conclud au payement de la Lettre de change, dommages, intérêts & dépens, avec la referve expreffe, que c'eft fans préjudice
des droits & actions acquis contre les
autres obligez en la Lettre de change.

L'ordre le plus regulier eft de commencer , par faire affigner l'Accepteur pardevant le Juge du lieu où
la Lettre de change eft payable, &
conclure à ce qu'il foit condamné, &
par corps, au payement de la Lettre
de change, dommages , intérêts & dépens, fans préjudice de fes droits &
actions contre le Tireur, & contre le
Metteur d'ordre , ainfi comme il verra
bon être.

Enfuite pour pourfuivre le Tireur
& le Metteur d'ordre en garantie fans
confufion, le mieux eft de les faire
affigner tous deux pardevant le même
Juge que l'Accepteur eft affigné, &
conclure à ce que la Sentence qui in-
terviendra contre l'Accepteur, foit
déclarée commune avec eux ; ce faifant, qu'ils feront chacun condamnez

folidairement au payement du contenu de la Lettre de change, dommages, interêts & dépens.

Quoi-que le Tireur & le Metteur
d'ordre foient domiciliez en d'autres
Jurifdictions que celle de l'Accepteur, ils feront neanmoins bien affi-
gnez, fuivant l'article 17. du titre 12.
de l'Edit de commerce, qui permet au
Creancier de faire affigner au lieu
auquel le payement doit être fait; ce
qui eft conforme au droit commun,
parce que, *Contraxiffe anus quifque in*
eo loco intelligitur, in quo ut folveret fe
vbligavit. L. 26. ff. de oblig. & act. L. 3.
ff. de reb. auct. jud. poff. L. 61. ff. de fide-
juff.

Et quoi-que l'Accepteur foit titu-
lairement le Debiteur, & que le Tireur & Metteur d'ordre ne foient que
des Mandateurs de differens domici-
les, ils ne laiffent pas d'être foûmis à
la même Jurifdiction. *Ex perfona rei*
mandator forum fortitur. Gottoff. indicta
L. 61. ff. de fidejuff.

Le Porteur ne negligera pas les
occafions de faifir les effets des Tireur, Metteur d'ordre & Accepteur,

s'il en trouve l'occasion ; ce que le Juge saisi des contestations pourra luy permettre, suivant l'article 12. du titre 5. de l'Edit de commerce.

Il ne negligera pas non plus de former ses oppositions à tous les scellez, Inventaires & autres procedures concernant les concours & contributions, & de toûjours protester que c'est sans préjudice de ses droits contre les autres.

Il ne negligera pas non plus de dénoncer aux Creanciers des uns ce qui luy sera signifié de la part des Creanciers des autres, à ce qu'ils n'en ignorent, & se pourvoyent ainsi qu'ils verront bon être , & toûjours sans préjudice de ses droits.

Il doit se garder de donner aucun consentement qui puisse préjudicier au droit d'aucun ; & s'il est poursuivy pour cet effet, ou pour voir homologuer des contracts , il doit d'une-part les dénoncer à ses garants qui ont interêt à ce contract, & les sommer d'y veiller, déclarant que l'évenement sera à leurs perils, risques & fortunes ; & d'autre-part, il doit ré-

pondre, que ce qui luy est signifié regarde tels garants à qui il faut s'a-
dresser.

Et generalement il doit pratiquer
tout ce qui se fait en cas de déconfiture de plusieurs obligez, cautions
& garants, & que l'occasion peut rendre convenable.

Troisiémement, en general, le Porteur d'une Lettre de change protestée
faute de payement ne peut pas con-
server son action solidaire contre tous
les Debiteurs, en signant tous, ou
quelqu'un des contracts simplement,
aux conditions convenuës par les autres Creanciers avec les Debiteurs,
& sans discussion, par les raisons cy-
dessus expliquées ; & s'il veut conser-
ver ses droits, il faut absolument qu'il
observe trois choses.

La premiere, que le premier contract qu'il signera soit celuy de son
dernier garant, & qu'il continuë gra-
duellement en remontant par ordre
de garantie, autrement il se rendroit
non-recevable en traitant des droits
des derniers garants, & se mettant
hors d'état de les pouvoir retroceder.

La seconde chose est, que ce premier contract qu'il signera porte expressément que le consentement qu'il donne à la diminution & autres conditions convenuës avec les autres Creanciers, est sans se départir ny déroger aux droits & actions qui appartiennent au Porteur, contre les autres garants obligez & Debiteurs de la Lettre de change, lesquels pourront être poursuivis aux perils, risques & fortunes de luy Porteur, pour raison dequoy ladite Lettre de change ne cessera de luy appartenir, & que la somme qui est accordée au Porteur de la Lettre de change, comme Creancier du Metteur d'ordre, à cause de son ordre, est seulement pour se départir des droits personnels & actions qui sont contre luy, & non autrement, & ainsi en remontant dans les autres contracts jusques à celuy du Debiteur originaire.

La troisiéme est, que parce que le Porteur de la Lettre de change ne peut avoir droit d'exiger du Donneur d'ordre qui a failly, & traitté avec ses Creanciers sa part, que sur le reste

de ce qui luy eſt dû de la Leſre de
change, dommages, interêts & dépens, déduction faite de ce qu'il aura
reçu des autres Debiteurs garants du
Donneur d'ordre, & qu'il ſe peut faire que ces Debiteurs garants ſeront
les derniers à payer, il ſeroit bon,
pour éviter les procês qui pourroient
être intentez dans les temps, pour la
reſtitution du trop reçu, ou de convenir d'une ſomme certaine & fixe,
& que le ſurplus à recevoir des autres Debiteurs ſeroit aux perils, riſques & fortunes du Porteur, ou de
convenir, que lorſqu'il recevroit
des autres Debiteurs, ce ſeroit le
Donneur d'ordre preſent & dûëment
appellé, afin que ſi ce que le Porteur avoit reçu ſe trouvât monter
plus que ſa portion, comme les autres
Creanciers, à cauſe des payemens
que feroient les autres Debiteurs : Le
Donneur d'ordre retirât en même-
temps ce ſurplus; & ainſi il faudroit
obſerver les mêmes choſes dans les
autres contracts.

Déliberé à Paris ce cinquiéme Avril 1689.
Signé Perrin, & du Puys de la Serra.

Confultation de Monfieur de Fourcroy fur
le precedent Memoire

Si la direction du Sieur Sebaftien
payoit au Sieur Thomas toute la fomme, il eft certain qu'elle auroit fon
recours fur la direction de Jacques;
& fi celle de Jacques l'avoit rendue
à celle de Sebaftien, elle auroit recours fur celle de Barthelemy.

Il faut raifonner d'une partie comme
du tout, fi par l'evenement de la contribution la direction de Sebaftien
paye par exemple trois mille liv. fur
douze mille livres à Thomas, elle a
fon recours pour trois mille livres fur
la direction de Jacques; mais cela
n'empêche pas que Thomas n'ait auffi
fon recours concurremment avec elle
fur la même direction pour les neuf
mille livres reftans.

Et ce que la direction de Sebaftien
recevra concurremment avec Thomas de la direction de Jacques, n'em-
pêchera pas que Thomas, pour le furplus, ne fe pourvoye fur la direction
de Barthelemy, avec cette obferva-

tion que fur la direction de Barthelemy, celle de Jacques pour ce qu'elle aura payé, celle de Sebaftien pour ce qu'elle aura payé, déduction faite de ce qu'elle aura reçu de celle de Jacques, & Thomas pour ce qu'il luy fera dû de refte, déduction de ce qu'il aura reçu des deux directions de Sebaftien & de Jacques, feront payez concurremment, & au fol la livre, fur les effets de Barthelemy.

Signé, DE FOURCROY.

Il faut remarquer que puifque Thomas n'ayant reçu dans la direction de Sebaftien que trois mille livres des douze mille livres contenuës dans la Lettre de change, n'eft pas empêché d'avoir fon recours pour les neuf mille livres reftantes, concurremment avec elle dans la direction de Jacques, & que ce que la direction de Sebaftien reçoit concurremment avec Thomas de la direction de Jacques, n'empêche pas que Thomas pour le furplus ne fe pourvoye fur la direction de Barthelemy. Il s'enfuit que Thomas entre dans les directions de tous les Debiteurs, &

par

par conſequent que ſuivant l'avis de
Monſieur de Fourcroy , Thomas, le
Porteur de la Lettre de change, ne
peut être obligé de choiſir & d'opter
la direction d'un des Debiteurs, &
d'abandonner les autres.

Il s'enſuit encore que Thomas,
Porteur de la Lettre de change exerce ſon action ſolidairement contre
tous ; car encore qu'il ne reçoive que
trois mille livres de la direction de
Sebaſtien (parce que Monſieur de
Fourcroy a ſuppoſé que cette direction ne payoit que le quart) qu'é-
tant entré ſolidairement pour le tout,
qui eſt douze mille livres , en recevant le quart qui eſt trois mille liv.
il eſt traitté comme tous les Creanciers ſolidaires de Sebaſtien ; ce qui
ſe confirme , parce qu'il le fait entrer
concurremment dans celle de Jacques
Accepteur, pour tout le reſte, qui eſt
neuf mille livres, & pour le reſte dans
celle de Barthelemy.

Pour la Pratique.

Monſieur de Fourcroy a poſé l'eſ-

S

pece que la direction de l'Endoſſeur
paye la premiere le quart, la dire-
rection de Jacques l'Accepteur la ſeconde; & la direction de Barthelemy
la troiſieme; cependant ce cas n'eſt
pas certain, car il arrive tantôt que
la direction du Tireur paye la premiere, & tantôt que la Direction de
l'Accepteur paye la premiere. Et comme d'un côté cela produit une difference conſiderable dans la maniere
de raiſonner, pour peu qu'il y ait de
diſpoſition à s'écarter, & que d'autre
côté il faut démontrer qu'il n'y a nul-
le neceſſité, même qu'il ne ſeroit pas
à propos de differer à recevoir des
directions qui ſont en état de payer,
juſques à ce que la direction de l'Endoſſeur eut payé la premiere, & que
la direction de l'Accepteur eut payé
la ſeconde. Il eſt à propos de trouver
un moyen par lequel la direction de
l'Endoſſeur ne paye pas plus, ſoit qu'-
elle paye la derniere ou la premiere;
& de même que la direction de l'Accepteur ne paye pas plus, ſoit qu'elle
paye la premiere ou la derniere.

Il y a une obſervation à faire avant

cela qui eſt commune au Tireur & à
l'Accepteur, qui eſt de ſçavoir entre
les mains duquel des deux eſt le fonds
de la Lettre de change; car ſi ce fonds
eſt entre les mains de l'Accepteur,
comme c'eſt l'ordre, pour lors l'Accepteur eſt le principal Debiteur, &
le Tireur a un recours contre luy:
Que ſi le Tireur a encore le fonds
entre ſes mains, & que l'Accepteur
ait accepté ſur la ſeule eſperance du
rembourſement, pour lors le Tireur
eſt principal Debiteur, & l'Accepteur
a un droit de recours contre luy, comme dans l'eſpece de Monſieur de
Fourcroy.

Sur ce principe, ſuppoſé que la direction de l'Endoſſeur paye la premiere, comme a fait Monſieur de
Fourcroy, & que ce ſoit le quart des
douze mille livres, c'eſt   3000 liv.

Suppoſé que la direction de l'Accepteur paye la ſeconde, & que ce
ſoit le tiers de douze mille livres,
c'eſt quatre mille livres, dont le Porteur, Creancier en reſte de neuf mille
livres en recevra   3000 liv.

Et l'Endoſſeur Creancier de trois

mille livres par luy payez mille livres.   1000 liv.

Et fuppofé que la direction du Tireur paye la troifiéme, & que ce foit
la moitié de douze mille livres, c'eft
fix mille liv. dont le Porteur Creancier en refte de fix mille livres recevra trois mille liv. l'Endoffeur Creancier en refte de deux mille liv. recevra mille liv. & l'Accepteur Creancier de quatre mille liv. recevra deux
mille liv.

Il paroît donc que fur cette fuppofition :

Primò, Le Porteur reçoit neuf mille
liv. des douze mille liv. ainfi il perd
le quart, qui eft trois mille liv. au lieu
que s'il étoit obligé de choifir, il perdroit ou neuf mille liv. s'il optoit l'Endoffeur, ou huit mille liv. s'il optoit
l'Accepteur, ou du moins fix mille
liv. s'il optoit le Tireur.

Secundò, La direction de l'Endoffeur débourfe trois mille liv. & elle
fe rembourfe de mille liv. de l'Accepteur & de mille liv. du Tireur ; enforte que cette direction ne perd que
mille liv. qui eft un douziéme.

Tertiò, La direction de l'Accepteur débourse quatre mille liv. & en retire deux mille liv. ensorte qu'elle ne perd qu'un sixiéme : ensorte qu'encore que le Porteur ait l'Endosseur & l'Accepteur pour obligez, il ne laisse pas luy seul de perdre autant qu'eux deux ensemble.

Pour revenir au moyen à trouver que les choses se passent également, soit que la direction du Tireur, ou celle de l'Accepteur payent les premieres, & qu'en aucun cas, ny le Porteur ne reçoive, ny aucun des Endosseur, Accepteur ou Tireur ne paye plus une fois qu'autre, il faut supposer encore deux cas.

L'un, que la direction du Tireur soit la premiere à payer la moitié, le Porteur de la Lettre de change de douze mille liv. recevra six mille liv.

Que la direction de l'Accepteur soit la seconde à payer le tiers, le Porteur de la Lettre de change de douze mille liv. Creancier en reste de six mille liv. recevra le tiers, c'est deux mille livres.

Il n'y a point de recours du Tireur

fur l'Accepteur, fur la préfuppofi-
tion qui a été faite que le Tireur n'a-
voit pas remis la provifion.

Que la direction de l'Endoffeur
foit la derniere à payer le quart, le
Porteur de la Lettre de change de
douze mille liv. en refte de quatre
mille liv. recevra mille liv. cy 1000 liv.

Ainfi de cette maniere le Porteur
ne recevra que neuf mille liv. comme au premier cas, le Tireur ne paye
que fix mille liv. comme au premier
cas, l'Accepteur ne paye que deux
mille liv. ce qui revient à la même
chofe qu'au premier cas, où ayant
payé quatre mille liv. il s'en rembourfe de deux mille liv. & l'Endoffeur ne paye que mille liv. ce qui de
même revient à la même chofe, puifqu'encore qu'il paroiffe qu'il a dé-
bourfé trois mille liv. il en a été rem-
bourfé de mille liv. de la part de l'Accepteur, & de mille liv. de la part du
Tireur.

L'autre cas eft, que la direction de
l'Accepteur foit la premiere qui paye
le tiers, le Porteur de la Lettre de
change recevra   4000 liv.

Que la direction du Tireur soit la seconde à payer la moitié, le Porteur Creancier en reste de huit mille liv. recevra   4000 liv.

Et l'Accepteur recevra pour la moitié de ce qu'il a payé deux mille liv.

Que la direction de l'Endosseur soit la derniere à payer le quart de quatre mille liv. en reste de mille liv.

Ainsi dans ce dernier cas, de même que dans les deux autres, le Porteur ne reçoit pas davantage.

Je suppose que le Porteur n'ait signé aucun contract, ny fait aucune chose que suivant les regles expliquées dans la premiere consultation, qui ne font point contestées par celle de Monsieur de Fourcroy.

Consultation de Monsieur Chuppé sur le même Memoire.

LE CONSEIL SOUSSIGNE´ qui a vû la Lettre de change & le Memoire estime :

Sur la premiere question, de sçavoir si dans le cas où le Tireur Barthelemy, Jacques l'Accepteur, & Sebastien

Endoſſeur ſont inſolvables , par l'a-
bandonnement qu'ils ont fait chacun
à la direction de leurs Creanciers:
Thomas Porteur de la Lettre de change eſt tenu de choiſir l'un des trois
obligez, & l'une des trois directions,

Eſtime que rien ne peut obliger
Thomas Porteur de la Lettre de
change, qui eſt le Creancier des douze mille liv. de choiſir l'un des trois
contracts de la direction de Barthelemy, Tireur, de Jacques, Accepteur,
& de Sebaſtien, Endoſſeur: La raiſon
eſt , que Thomas Creancier ayant
trois Debiteurs qui luy ſont coobligez pour la même ſomme de douze
mille liv. a droit d'agir contre les
trois , ou ſolidairement , ou chacun
pour leur part de la dette, & l'action
qu'il a contre les trois obligez ne peut
être changée par l'inſolvabilité ſur-
venuë depuis l'acceptation de la Lettre, & la ceſſion faite par Sebaſtien
Endoſſeur au profit de Thomas, l'on
ne peut pas douter que regulierement il n'ait une action ſolidaire contre Jacques qui a accepté la Lettre,
puiſqu'il eſt effectivement le Debi-

teur principal ; & défaut de Jacques
Accepteur, fuppofé qu'il fut infolvable , il y a auffi une action folidaire
contre les deux autres, contre Barthelemy Tireur , qui eft tenu de
payer, *actione mandati* ; car ayant donné ordre à Jacques, fur lequel la Lettre a été tirée au profit de Sebaftien,
il eft Mandateur ; & Sebaftien a par
confequent droit d'agir contre luy,
pour faire valoir fon Ordre ou Mandement. Thomas a pareillement fon
action contre Sebaftien, qui a mis fon
ordre, lequel doit être confideré comme une ceffion qui emporte une garantie de fournir & faire valoir les
droits cedez, laquelle , quoi-qu'elle
ne foit expreffement ftipulée , eft
fous-entenduë dans les Lettres de
change en faveur du commerce, où
l'on peut dire, *Plus fcriptum quam di-
ctum*. Ainfi fuppofé que Jacques Accepteur fut infolvable, Thomas a
une action folidaire contre le Tireur
& contre le Metteur d'ordre , s'ils
étoient infolvables.

S'il arrive que l'un & l'autre ; fçavoir, Barthelemy & Sebaftien devien-

nent infolvables, cette infolvabilité
ne peut changer ny détruire l'action
folidaire, ny le droit de pourfuivre qu'a Thomas contre ces deux
coobligez : L'infolvabilité peut diminuer le payement de la fomme de
douze mille liv. mais elle ne peut luy
ôter l'action qu'il avoit, *ab initio* contre les trois Debiteurs. Cette neceffité de choifir l'un des obligez, qu'on
dit être introduite par l'ufage & par
les Arrefts eft contraire à la difpofition du Droit Civil, & principalement à la nouvelle 99. de Juftinien,
par laquelle le choix qu'avoit le
Creancier de pourfuivre l'un des Debiteurs a été ôtée, *Ea novella tollitur*
electio, qua datur creditoribus ut conveniat
in folidum quem volet ex reis debendi, fi
videlicet duo rei promittendi : fe nomi-
natim in folidum non obligaverint, vel fi
fe nominatim obligaverint, & omnes fol-
vendo fint & prefentes fint, quia his cafi-
bus creditor cogitur inter eos dividere actio-
nem fuam, ita ut fingulas conveniat in
partes tantum viriles, & ita plures rei pro-
mittendi, his cafibus hodie habent benefi-
cium divifionis, dit Monfieur Cujas :

Et comme par la conftitution de l'Em-
pereur Adrien les Cofidejuffeurs a-
voient le benefice de divifion, auffi
les coobligez à une même dette a-
voient le même privilege, & le Creancier avoit contre chacun d'eux fon
action : *Creditori adempta eft electio generali conftitutione novella 99.* Bien loin
que cette election ou choix du Creancier ait lieu, qu'au contraire elle a
été abrogée par la nouvelle, & le
Creancier a fon action contre chacun des obligez, pour leur faire payer
leur part & portion par cette nouvelle, dont la difpofition a été reçuë par
nôtre ufage ; ou les Debiteurs ne font
pas obligez folidairement, ou ils le
font : Dans le premier cas, lé Creancier a une action contre chacun des
obligez à une même dette, pour leur
faire payer leur part dans l'autre,
quand ils font obligez folidairement,
s'ils font tous folvables, le Creancier
doit divifer, & par divifion, il a fon
action contre chacun d'eux ; s'ils ne
font pas folvables, il a fon action folidaire contre eux, & contre les Fidejuffeurs, parce que cette folidité, ou

contre les Coobligez, ou contre les
Cautions, a été principalement donnée dans le cas d'insolvabilité ; ainsi
cette necessité qu'on veut impofer au
Creancier de choisir l'un des trois ,
ou de l'Accepteur , ou du Tireur, ou
du Metteur d'ordre , eft directement
contraire à la difposition de droit :
Elle eft pareillement contraire à la
raifon & à l'établiffement de la fo-
cieté qui a été introduite, & qui eft
ordinairement ftipulée , pour donner
un moyen au Creancier en cas d'infolvabilité du Debiteur principal ,
d'agir & chercher fes feuretez contre les autres Coobligez, ou contre
les Fidejuffeurs, quand le Debiteur
ou les Coobligez font folvables ; le
Creancier doit agir contre eux , & il
n'a d'action contre les Cautions ou
Fidejuffeurs ; mais lorfque le Debiteur eft infolvable , en ce cas , il a le
remede de la folidité contre les autres Coobligez , ou contre les Cautions.

L Ordonnance du commerce ne
parl point de cette neceffité de choifir l'un des Obligez ou des Cautions.

L'on ne voit point pareillement d'Arrests qui ayent autorifé cette neceffité du choix.

Pour l'ufage, s'il s'eft introduit entre les Negocians, étant contre la difpofition de Droit & contre la nature des actions folidaires qui ont été données aux Creanciers, & n'étant confirmée par aucuns Jugemens contradictoires, il doit être rejetté au droit commun.

Cela fuppofé, & que l'infolvabilité des Debiteurs conferve aux Creanciers toutes fes actions contre les Obligez & les Cautions de la fomme de douze mille liv. contenuë en la Lettre de change; il faut examiner les moyens que Thomas Porteur de la Lettre peut avoir pour le recouvrement de cette dette, & la qualité de chacun des Obligez.

Premierement, il eft certain que Jacques par l'acceptation qu'il a faite de la Lettre de change, doit être confideré comme le Debiteur principal.

Secondement, Sebaftien qui a donné fon ordre à Thomas, eft un man-

dant ou cedant de fes droits, & doit garantir la Lettre; ainfi Thomas a l'a-
ction *Mandati* directe de fon chef contre Sebaftien, ou l'action utile qu'a-
voit Barthelemy le Tireur; par confequent Sebaftien doit être confideré
comme une Caution ou Fidejuffeur,
puifqu'en Droit le Fidejuffeur & le
Mandator font prefque la même chofe.

En troifiéme lieu, Barthelemy, qui
eft le Tireur, eft pareillement obligé envers Thomas, puis qu'ayant
donné fon Mandement à Jacques Accepteur de payer à Sebaftien, Thomas exerçant les droits de Sebaftien,
il peut faire valoir la même action
qu'avoit Sebaftien contre Barthelemy, ainfi Barthelemy étant Mandateur eft confideré comme une Caution & comme un Fidejuffeur.

Mais comme toutes ces actions de
Thomas contre tous les Obligez font
fubordinées les unes aux autres;
& que regulierement l'on doit premierement agir contre le principal
Obligé avant que de pourfuivre les
Cautions ou garants.

L'on eftime que Thomas doit dif-

cuter Jacques , qui est le Debiteur
principal , auparavant que de demander rien dans les douze mille liv. contre Barthelemy & contre Sebastien ,
qui sont considerez comme des Cautions ou Fidejusseurs.

Quand l'on supposeroit que dans la
cession que Sebastien a faite de ses
droits à Thomas, il y auroit une stipulation tacite de garantir , fournir,
& faire valoir , ainsi que le préten-
dent les Negocians. Il est toûjours
veritable qu'il est necessaire de discuter le Debiteur principal . parce que
la garantie de fournir & faire valoir
n'ôte pas la discussion : il faut donc
que Thomas agisse premierement contre Jacques, ou contre les Directeurs
de ses biens abandonnez ; & entrant
dans le contract de direction & dans
les remises qui vont à la moitié , il re-
tirera la somme de six mille liv. Cette
premiere discussion faite , Thomas
demeure Creancier pour les autres six
mille liv. restans pour lesquels il a ses
actions contre Sebastien son Cedant,
& contre Barthelemy Tireur, ou Cedant de Sebastien.

Comme Barthelemy Tireur & Se-baftien Metteur d'ordre, doivent être confiderez ainfi que deux Fidejuf-feurs, & qu'entre des Cofidejuffeurs le benefice de divifion a lieu ; les Di-recteurs de l'un & l'autre oppoferont le privilege de divifion. L'on demeu-re d'accord que le Creancier a une action folidaire contre les Fidejuf-feurs ; mais auffi les Cofidejuf-feurs, ont une exception pour di-vifer la Lettre, & afin de n'en être tenus que chacun pour moitié; & ainfi entrans dans chacune de leur dire-ction des Creanciers, Thomas, fui-vant la remife qui eft de moitié ne re-couvrira que quinze cens liv. de Bar-thelemy, & autant de Sebaftien, & la perte de l'infolvabilité, tant de Jac-ques principal Debiteur, que celle des Fidejuffeurs, tombera également fur les uns & fur les autres, fuivant la dif-pofition du Droit en l'autentique : *Hoc ita Cod. de duob. reis*, qui eft tirée de la nouvelle fufdite 99. *Ejufmodi eft na-tura obligationis plurium rerum debendi, ut inter eos fit mutuum periculum* ; & en cela l'on pratiquera le bien general qu'on

qu'on veut faire prévaloir à l'intérêt
des particuliers.

Il ne reste plus que le recours de
ceux qui ont payé contre les autres.

Premierement Jacques l'Accepteur,
ou la direction qui a ses droits ne peut
pas avoir recours pour les six mille liv.
par luy payées à Thomas, ny contre
Sebastien Metteur d'ordre, ny contre
Barthelemy Tireur : la raison en un
mot est, que Jacques étant Debiteur
principal ne peut jamais avoir de recours contre ses Coobligez ou Cautions solidaires. La Loy *si plures 27. §.*
si fide jussor. dig. de fidejuss. en a une disposition expresse, *qui rei loco principalis*
est, non potest desiderare, ut inter se & fide
jussorem dividatur obligatio.

La difficulté peut être plus grande
à l'égard de Sebastien, son recours ne
peut être que pour quinze cens liv.
qu'il a payées, il ne le peut pas avoir
contre Jacques, puisque Jacques au
moyen du payement des six mille liv.
& de la remise du surplus est liberé.
Sebastien qui est subrogé au lieu &
aux droits de Thomas Creancier, n'a
pas plus de droit que Thomas; & com-

T

me la dette est éteinte à l'égard de Jacques, il n'a point d'action contre luy.

Si Sebastien a quelque recours, ce ne peut être que contre Barthelemy Tireur ; mais on peut dire que Sebastien & Barthelemy étans *Mandatores*, ou Cofidejusseurs, & n'ayant point de recours non plus que d'action les uns contre les autres : *Si fidejussor creditori solverit nullam habet adversus Cofidejussores tenet propria obligatio*, dit Monsieur Cujas, il s'ensuit que Sebastien n'a point de recours contre Barthelemy. Si Sebastien qui n'a point d'action de son chef pretend exercer les droits de Thomas Creancier, auquel il est subrogé pour les quinze cens liv. qu'il a payées, Barthelemy Coobligé ou Cofidejusseur luy opposera l'exception de l'insolvabilité de tous les Obligez à la Lettre de change , & luy dira que la perte provenant de cette insolvabilité tombant également sur les Coobligez, il doit la souffrir pour sa part & portion, suivant la regle *inter reos debendi, seu Cofidejussores mutuum est periculum*, qui est pratiquée par nôtre usage, & a été confirmée par les Ar-

rests, entre lesquels est celuy de Barbedor, rapporté par Bacquet, par lequel il a été jugé que Barbedor avec
trois autres à la rente de cent livres,
& ayant la subrogation du Creancier
auquel il avoit payé le principal &
les arrerages de la rente, déduiroit
non seulement sa part, qui étoit un
quart de la rente; mais encore le tiers
d'un autre quart de l'un des Coobligez, qui étoit devenu insolvable.

Déliberé à Paris ce 22. Aoust 1689.

Signé CHUPPE'.

Monsieur Chuppé prouve tres-clai-
rement que Thomas Porteur de la
Lettre de change ne peut pas être obligé de choisir l'un des trois Obligez
à la Lettre de change, l'Accepteur,
l'Endosseur, & le Tireur, & entrer
dans la seule direction d'un d'eux;
mais que les ayans tous trois pour solidairement obligez, il peut agir contre tous.

MAXIMES.

1 Le Porteur peut repeter son remboursement de la Lettre de change,
acceptée & protestée faute de paye-

ment, contre l'Accepteur, l'Endoſſeur & le Tireur, même les Ordon-
nateurs de la tirer, dont il a preuve,
leſquels ſont tous ſolidairement obligez.

2 Aucun de ceux qui ont accepté,
tiré, endoſſé une Lettre de change
ne peuvent être déchargez de leur
obligation, quoi-qu'ils n'ayent accepté, tiré, & endoſſé que par commiſſion.

3 En cas de faillite de tous les Obligez à la Lettre de change acceptée &
proteſtée faute de payement, comme
le Porteur a une action ſolidaire contre tous, il a droit d'entrer dans chaque direction & contribution, ſans
pouvoir être obligé d'en choiſir ou
opter un, & abandonner les autres.

4 Le Porteur d'une Lettre de change acceptée & proteſtée faute de
payement, s'il ſigne le contract d'un
des Obligez ſans reſerve, ſe rend non
recevable contre les autres.

5 Le Porteur d'une Lettre de change acceptée & proteſtée faute de
payement, qui ſigne le contract d'un
des premieres Obligez, ſans avoir un

confentement des derniers Obligez,
que c'eſt ſans préjudicier à ſon action,
ſe rend non recevable contre eux faute de leur pouvoir ceder l'action entiere.

6 Le Porteur d'une Lettre de
change acceptée & proteſtée faute de
payement, qui eſt entré dans quelque
contribution, ne peut entrer dans les
ſuivantes que ſucceſſivement pour ce
qui luy eſt dû en reſte.

CHAPITRE XVII.

*De quelle maniere le Porteur d'une Lettre
de change proteſtée faute de payement
peut exercer ſes droits contre ceux
qui luy ſont obligez.*

1 LEs Lettres de change ſont ſi
favorables, qu'encore que ce
ne ſoit que de ſimples écritures privées, elles ont pourtant les mêmes
droits que les titres d'execution parée; car lorſqu'elles ſont proteſtées
faute de payement, les Porteurs peuvent d'abord obtenir la permiſſion de

faiſir ᵃ les effets de ceux qui y ſont obligez, tels que ſont ceux dont il eſt fait mention au Chapitre precedent ; c'eſt la diſpoſition preciſe de l'article 12. du titre 5. de l'Edit de commerce.

2 Ce qui s'obſerve non ſeulement en France, par la diſpoſition de l'Edit de commerce à Gennes & à Boulogne par celle de leurs Statuts ᵇ ; mais encore dans toutes les places par une coûtume generalement reçuë ; comme fondée ſur l'utilité publique.

3 Ceux qui ſont obligez au payement ou à la garantie de la Lettre de change proteſtée faute de payement, y peuvent être contraints par corps ᶜ ;

a Les Porteurs pourront auſſi par la permiſſion du Iuge ſaiſir les effets de ceux qui auront tiré ou endoſſé les Lettres, encore qu'elles ayent été acceptées, même les effets de ceux ſur leſquels elles auront été tirées, en cas qu'ils les ayent acceptées. Edit de commerce titre 5. article 12.

b Loquendo de jure municipali locorum concludo quod inſtrumenta, apodiſſæ & Litteræ cambii habent expreſſa diſpoſitione executionem paratam, ut ex ſtatutis Genuæ & Capitulis Bononiæ, & quotquot extant ſtatuta de Cambiis, tribuunt executionem paratam.

Loquendo de conſuetudine etiam generali concludo, idem quod habent executionem paratam. *Scaccia §. 7. Gloſſa. 5. num. 3. 4.*

c Ceux qui auront ſigné des Lettres ou Billets de Change pourront être contraints par corps, enſemble ceux qui y auront mis leur aval. Edit de commerce titre 7. article 1.

c'eſt la diſpoſition de l'article 4. du
titre 34. de l'Ordonnance du mois
d'Avril 1667. & de l'article premier
du titre 7. de l'Edit de commerce.

4 Et cela ſe pratique ainſi par tout;
mais il en eſt de même que des choſes trivialles & d'une connoiſſance
commune, dont les Auteurs negligent
de tranſmettre la preuve à la poſteri-
té.

5 Pour ce qui eſt de l'action hypo-
thecaire, quoi-que Maître Eſtienne
Clerac Avocat au Parlement de
Guyenne, diſe dans ſon Traité de
l'uſage du negoce ou commerce de la
Banque des Lettres de change, Chapitre 6. nombre 8. que les proteſts
faits en autre Royaume portent hypotheque, & produiſent interêts en
France du jour & datte d'iceux, Jugé
par Arreſt de la Chambre de Guyenne du 26. Mars 1646. entre Bernard
Sichigarai & Jean Barriere Bourgeois
de Bordeaux, Demandeurs en Requeſte & en execution d'Arreſt, &
Iſaac Bardeau auſſi Bourgeois & Marchand de Bordeaux, Monſieur Mouſ-
nier Rapporteur, Monſieur de Gour-

gues Prefident : Neanmoins comme il
n'en rapporte pas le fait qui peut a-
voir determiné cette Chambre par
des circonftances particulieres, n'a-
yant point trouvé d'autres Arrefts
femblables , j'aurois peine à établir
par cet exemple une Jurifprudence
generale, & contraire à celle du droit
commun, fuivant laquelle les Lettres
de change ne produifent pas d'hypotheque d.

6. Ce n'eft pas qu'au fentiment de
Nicolas de Gennes, il y a quelques
places qui ont des Statuts particuliers qui accordent l'hypotheque e en
vertu des Lettres de change, comme
à Milan ; mais il feroit à defirer de

d Altera fuccedit hic dubitatio., & eft an pro Litteris
ipfius Cambii competat regulariter privilegium hypothe-
cæ ; cui quidem difficultati fatisfaciendo rem de jure com-
muni pro negativa effe definitam apperte concludito.
Sic in terminis docuit Pet.Surdus.Conf.fuo 499.num.2 in
4.&c. Nicolaus à Genua de fcriptura privata de Litteris
Cambii. Quæft. 2 num. 1.

e Dixi autem (rem pro negativa definitam jure com-
muni infpecto.) quoniam ex confuetudinibus & fanctio-
nibus paricularium., locorum fecus definitum eft.

Ex novis conftitutionibus Mediolani (ut ab his exhor-
diar) de quibus fub. tit. off. Abb. in §. eo amplius lib.
5. Concella eft procul dubio hypotheca pro Litteris ipfius
cambii veri & realis. Nicolaus à Genua de fcriptura privata de Litteris cambii. Quæft. 2. num. 6. & 7.

voir les termes dont ces Statuts s'ex-
pliquent, pour fçavoir fi cette hypotheque eft du jour de la datte
de la Lettre, ou du jour du proteft,
ou du jour de la reconnoiffance; car
en France il en eft comme de toutes
les autres écritures privées, qui ne
portent hypotheque que du jour de la
reconnoiffance, ou de la negation faite en jugement, fuivant les articles
92. & 93. de l'Ordonnance de 1539.

7 Et parce que l'écriture privée
& fignature du Tireur, & celle de
l'Accepteur font differentes, de même que celle des Endoffeurs, l'hypotheque ne peut pas avoir lieu contre
l'Accepteur & les Endoffeurs du jour
de la reconnoiffance ou denegation
du Tireur; mais feulement contre
chacun, du jour de la reconnoiffance ou denegation refpective de chacun.

L'on peut tirer trois maximes de ce
Chapitre.

MAXIMES.

1 Le Porteur d'une Lettre de change proteftée peut par la permiffion

du Juge faire faifir les effets de tous
ceux qui y font obligez.

2 Tous ceux qui font obligez au
payement ou à la garantie d'une Lettre de change proteftée faute de payement, peuvent y être contraints par
corps.

3 La Lettre de change proteftée
faute de payement ne peut porter
d'hypotheque contre chacun des obligez, que du jour de la reconnoiffance ou dénegation refpective de la
fignature de chacun.

CHAPITRE XVIII.

Des Billets de change.

1 L'USAGE des Billets de change n'eft pas frequent dans les
places etrangeres ; & ce qui fait qu'il
a grand cours à Paris, c'eft que c'eft
un moyen aifé pour trouver de l'argent dans le befoin, parce que ces
Billets ont le même privilege pour
leur execution que les Lettres de
change ; mais plufieurs perfonnes fe

trompent, croyant que tous Billets payables au Porteur ou à ordre, & pour valeur reçuë, font Billets de change ; cependant il eft tres-certain que ce ne font pas-là les qualitez effentielles des Billets de change.

2 L'article 27. du titre cinquiéme de l'Edit de commerce, porte precifément qu'un Billet, pour être un Billet de change, doit être caufé pour Lettres de change fournies, ou qui le devront être f, ainfi ce n'eft que la caufe qui fait l'effence d'un Billet de change.

3 Et même il ne fuffit pas qu'il porte indiftinctement pour Lettres de change fournies g, il faut qu'il faffe mention précife fur qui elles auront été tirées, à qui elles font payables, & en quel temps, de qui, & de quelle maniere la valeur en eft déclarée, fuivant l'article 28. du même titre. Il

f *Aucun Billet ne fera reputé Billet de change, fi ce n'eft pour Lettres de change qui auront été fournies ou qui le devront être.* Edit de commerce titre 5. article 27.

g *Les Billets pour Lettres de change fournies feront mention de celuy fur qui elles auront été tirées, qui en aura donné la valeur, & fi le payement a été fait en deniers, marchandifes ou autres effets, à peine de nullité.* Edit de commerce titre 5. article 8.

est vray que cet article ne s'explique
pas tout-à-fait ainsi ; mais il faut l'entendre en ce sens, parce que si la valeur des Lettres de change fournies
avoit été payée, il n'y auroit pas lieu
à un Billet de change qui ne se fait
pour Lettres de change fournies, que
lorsque la valeur en est dûë. Pour
donner une idée claire & distincte
d'un Billet de change pour Lettres de
change fournies, il faut en mettre un
exemple.

EXEMPLE.

Pour la somme de 3000 livres que je pro-
mets payer dans un mois à Monsieur
ou à son ordre, pour Lettre de change qu'il
m'a fournie payable par
d'Amsterdam à deux usances, la valeur dé-
clarée comptant. A Paris le   de
1687.   Signé N.

4. Les Billets de change pour Lettres de change à fournir ʰ doivent faire mention du lieu où elles devront.

---

h Les Billets pour Lettres de change à fournir feront
mention du lieu où elles feront tirées, & si là, la valeur
en a été reçue, & de quelles personnes, à peine de nullité.
Edit de commerce titre 5. article 5.

être tirées, & quand elles devront
être payables, & ſi la valeur en a été
reçuë ſuivant l'article 29. du titre cinquiéme de l'Edit de commerce; il eſt
bon d'en donner un exemple pour en
faire concevoir une idée plus claire.

EXEMPLE.

Pour la ſomme de 3000 livres dont je pro-
mets fournir Lettre de change pour Lyon,
payable aux prochains payemens de
à l'ordre de Monſieur   pour va-
leur reçuë comptant de luy-même. A Paris
ce   de   1687.

Signé N.

5 Il ne ſuffit pas de prendre des Billets dans l'une des deux formes cy-
deſſus, pour prétendre avoir le privilege des Billets de change; mais il
faut qu'ils ſoient conformes à la verité, qu'il n'y ait point de ſimulation
ny de fixion; c'eſt-à-dire, que les Lettres de change ayent été réellement
fournies, ou que la perſonne qui les
doit fournir ſoit de la qualité à pouvoir fournir des Lettres de change,
telles que celles déclarées dans le Billet; car ſi veritablement les Lettres

de change exprimées dans le Billet n'ont pas été fournies, que celuy qui fait le Billet pour Lettres de change à fournir ne soit pas de la qualité à le pouvoir faire pour le lieu qui sera mentionné qu'elles devront être payables, ces Billets n'auroient pas le privilege de la contrainte par corps, comme Billets de change, parce qu'il seroit visible qu'ils n'auroient été faits que par simulation ¡, & pour donner au Creancier un privilege de contrainte par corps, que la verité de sa creance ne pouvoit pas luy donner.

6 Mais aussi il ne faut pas croire qu'il n'y ait que les Negocians qui puissent fournir & prendre des Lettres de change, & qui par consequent puissent être sujets à la contrainte par corps. L'experience fait voir que toutes personnes le peuvent faire, suivant la disposition de leurs affaires, les uns peuvent tirer sur leurs fermiers & leurs Debiteurs, & les autres peuvent prendre des Lettres de

---

¡ In contractibus rei veritas potius, quam scriptura perspici debet. L. 1. Cod. Plus valere quod agitur, quam quod simulate concipitur, non quod scriptum, sed quod gestum est inspicitur. L. 3. Cod eod.

change, soit pour payer ce qu'ils doivent en d'autres lieux, ou pour des achapts qu'ils y veulent faire, ou autrement ; c'est pourquoy l'article premier du titre sept de l'Edit de commerce prononce la contrainte par corps [1] indéfiniment contre tous ceux qui auront signé des Lettres & Billets de change, & restraint cette contrainte par corps entre Negocians & Marchands, pour les Billets pour valeur reçuë comptant, ou en marchandises ; c'est-à-dire, qu'il faut que le Debiteur & le Creancier soient tous deux Negocians ou Marchands.

7 La raison que l'on peut rendre de cette distinction, c'est que l'on n'a pas voulu donner la contrainte par corps pour les prests, qui a été abrogée par l'Ordonnance du mois d'Avril 1667. car l'on peut dire que tous

[1] *Ceux qui auront signé des Lettres ou Billets de change pourront être contraints par corps, ensemble ceux qui y auront mis leur aval, qui auront promis d'en fournir, avec remise de place en place, qui auront fait des promesses pour Lettres de change à eux fournies, ou qui le devront être, entre tous Negocians ou Marchands qui auront signé des Billets pour valeur reçuë comptant ou en marchandise, soit qu'ils doivent être aquittez à un particulier y nommé, où à son ordre, ou au Porteur. Edit de commerce titre 7. article premier.*

lesBillets pour valeur reçue, lorſque le Debiteur & le Creancier ne ſont pas deux Negocians ou Marchands ſont pour preſts, au lieu que ceux qui ſont entre Negocians ou Marchands, ſont toûjours ou pour ſoulte de compte, ou pour autres Negociations qui produiſent la contrainte par corps.

Ce Chapitre fournit 4. Maximes.

MAXIMES.

1 Point de Billet de change, ſi ce n'eſt pour Lettres de change fournies ou à fournir.

2 Point de Billet de change pour Lettres fournies, ſans expreſſion ſur qui elles ſont tirées, à qui elles ſont payables, & de quelle maniere la valeur en eſt déclarée.

3 Point de Billet de change pour Lettres à fournir, ſans expreſſion du lieu où elles devront être tirées; quand elles devront être payables, & de qu'elle maniere la valeur en a été payée.

4 Point de Billet de change ſi les Debiteurs ne ſont pas de la qualité à faire la Negociation y mentionnée, & ſi elle n'eſt pas veritable.

FIN.

TABLE

DES MATIERES.

A

V.

B

ptant , ou en marchandiſes , ne portent contrainte que quand celuy qui
le fait, & celuy au profit duquel il
eſt fait, ſont tous deux Negotians
& Marchands.   p. 303. n. 6.
La raiſon pourquoy on n'a pas voulu
que ces derniers *Billets* euſſent la
contrainte par corps. p. 303. 304.
n. 7.

C

Du Change en general.

D

E

Écheance de la Lettre de change.

X

F

G

H

L

Lettres de change.

LE contract des *Lettres de change* n'eſt pas un preſt. p. 13. n. 9. & p. 24. n. 2.

Il n'eſt pas ſuſceptible d'uſure. p. 24. n. 3.

Forme des *Lettres de change.* p. 25. n. 1.

Quatre conſiderations dans la forme des *Lettres de change.* p. 26. n. 2.

Premiere conſideration des *Lettres de change*, qui regarde combien de perſonnes entrent en une *Lettre de change.* p. 26. n. 3.

Exemple d'une *Lettre de change* de quatre perſonnes. p. 27. n. 4.

Lettre d'avis du Tireur. p. 27. n. 6.

Lettre d'avis de celuy qui a donné la valeur. p. 28. n. 8.

Exemple d'une *Lettre de change* payable à ordre, & l'ordre au bas ou au dos. p. 29. n. 10.

Exemple d'une *Lettre de change* de trois perſonnes. p. 31. n. 13. p. 31. n. 16. p. 31. n. 18.

Exemple d'une *Lettre de change* où il ne

X iij

X iiij

Y

voir pas envoyé la Lettre à celuy à
qui elle est payable, sur son desa-
veu, n'y ayant pas de preuves contraires, il ne sera pas tenu de la garantie. p. 196. n. 17.

Si un de ceux qui ont mis des ordres
ou donné la valeur pour quelqu'un
des ordres paye au *Porteur* de la Lettre de change protestée faute de
payement, il entre en tous les droits
du Porteur contre le Tireur, Accepteur & Endosseur anterieur à
luy. p. 197. n. 18.

L'action solidaire du *Porteur* pour la
Lettre de change acceptée & protestée faute de payement, contre
l'Accepteur, le Tireur & les Endosseurs, est universellement reçuë
sans contestation, tant qu'il y a
quelqu'un de ses obligez solvable.
p. 197. n. 19.

Lorsque l'Accepteur, le Tireur & les
Endosseurs ont failly, plusieurs
croyent que le *Porteur* ne peut pas
exercer l'action solidaire contre
tous ; mais qu'il doit en choisir un
tel qu'il voudra pour entrer dans la
contribution qui sera faite à ses

change protestée faute de payement, parce qu'il est obligé de retroceder la Lettre de change à celuy contre qui il agit n'est pas
vraye. p. 230. 231. & 232.

Explication & distinction de cette
raison. *ibid*.

Sixiéme raison. Usage prétendu qui
ne subsiste pas. *Primò*, Parce que
c'est une question de fait non prouvé. *Secundò*, Question de Droit, si
ce prétendu usage est conforme
aux Loix, aux Ordonnances & à la
raison. *Tertiò*, Autre question de
Droit, si cet usage n'étant pas conforme à l'équité & à la raison, il
n'y a pas lieu de le supprimer.
p. 233. 234. & 235.

Septiéme raison. Prétendus préjugez
qui ne meritent point de réponse.
Primò, Parce qu'il n'en paroît aucun
dans le public. *Secundò*, Parce que
quand même il en paroîtroit, s'ils
n'ont pas la clause d'être lûs & publiez dans les Greffes pour servir
de Loy, ils ne sont d'aucune consequence. *Tertiò*, Parce que tous les
Arrests rendus simplement entre

Y iiij

De quelle maniere le Porteur d'une Lettre de
change proteſtée faute de payement peut
exercer ſes droits contre ceux qui luy
ſont obligez.

Les Lettres de change *proteſtées* faute
de payement, quoi-que de main privée, s'executent comme titres d'execution parée.   p. 293. n. 1.

Ce qui s'obſerve en France, à Gennes, à Boulogne, & dans toutes les
places par une coûtume generale.
p. 294. n. 2.

Les obligez à la Lettre de change *pro-*
teſtée faute de payement, y peuvent
être contraints par corps en France, par la diſpoſition préciſe de pluſieurs Ordonnances.   p. 294. n. 3.

Ce qui ſe pratique par tout. p. 295.
n. 4.

Preſt. Difference qu'il y a entre contract de change & le *preſt.* p. 9. n. 3.
p. 10. n. 4. p. 11. n. 5. p. 11. n. 6. p. 12.
n. 7. p. 12. n. 8.

L'uſure ne peut tomber que dans le
preſt veritable ou pallié. p. 13. n. 10.

Du protest.

ferends, pour la décision desquels, il
faut se regler suivant l'usage de la
place où il a été fait.   p. 147. n. 4.
Exemple jugé par Arrest le 28. Février 1668. p. 147. 148. 149. 150.
151. & 152. n. 4. 5. 6. 7. 8. 9. 10. 11.
& 12.

*Usages pour les protests des Lettres de
change.*

Des places qui sont foires de change,
comme Noüe, Franckfort, Bolsan
& Sintz.   p. 157. n. 27.
Le *protest* faute de payement d'une
Lettre de change est indispensable-

R

Z

S

Z ij

V

Fin de la Table des matieres.